一日保育士体験のすすめ

保育園で育む親心

親心を育む会

大修館書店

はじめに

同じ時間・同じ場所でともに過ごす人同士にしか起こらないことがあります。それは、連帯感や仲間意識、友情といった、そこで湧き起こる感情や思いを共有する関係ができること。「共感」という状態で結ばれた、見えないけれどもしっかりとした、新しいつながりが、そこに確かに生まれます。そんな体験したことありませんか？

子どもたちの毎日と育ちには、だれかとその瞬間を共有したくなるようなできごと、あるいは喜びや感動、とまどいや不安といった種々の感情や思いが、秒単位で次々にあふれ出してきます。パパ・ママも、保育士も、家庭と保育園でそれぞれ、そのあふれ出すものを両手いっぱいに抱え込んでいますが、そのすべてを共有することは、両者が生活をともにしていない以上、できません。また、私たち保育士は、子どもの大切な命を守り、一人ひとりと向かい合い、かかわり、その子なりの成長・発達を支えていくことを大きな責任として日々の保育をおこなっていますが、パパ・ママの立場になれば、保育園という建物のなかで、わが子がいったいどんな思いで一日を過ごしているのかと、心配になることもあるでしょう。

では、もし、同じ時間・同じ場所で一緒に子どもたちを見ることができたら、どうでしょうか？

保育士の日々の保育に込めた思いは、パパ・ママに伝わり、

パパ・ママの不安は、大きな安心に変わり、

その安心は、保育士の希望とやりがいになり、

「子どもの幸せな育ちを願う」その思いが、一つになる。

パパ・ママと保育士が、保育園という場所でともに過ごし、子どもたちの育ちの瞬間を共有し、共感する。そうして生まれたつながりは、小さな木々の芽に注がれる陽の光や水のように、子どもたちの力となり、子どもたち自身が伸びていこうとする活力と意欲をみなぎらせます。これこそが、一日保育士体験の醍醐味《だいごみ》です。

すべては、子どもたちの笑顔のために。パパ・ママが、保育士が、そしてすべてのおとなたちが、子どもたちの幸せのためにできることを、この本を読みながらいっしょに考えていきませんか？

もくじ

はじめに …… 2

第1章

子どもが笑顔《よろこぶ》！ 一日保育士体験 …… 9

1 パパもママも きょうは せんせい！ …… 10
2 保育園にどっぷりつかってみてください …… 12
3 いいこといっぱいの一日保育士体験 …… 15
● パパ・ママにとっていいこと・知らないわが子に会える …… 15
● パパ・ママにとっていいこと・心から安心できる …… 18
● パパ・ママにとっていいこと・子どもの心に気づくことができる …… 21
● パパ・ママにとっていいこと・「子育てのワザ」あります …… 23
● パパ・ママにとっていいこと・子育てに自信がもてる …… 27
● パパ・ママにとっていいこと・パパが子育てに目覚めます …… 29
● 保育士にとっていいこと・「保育園」を知ってもらえる …… 32
● 保育士にとっていいこと・保育への自信が深まる …… 35
● 保育士にとっていいこと・「同じ思い」が自然に生まれる …… 39
4 だから、一日保育士体験 …… 41

第2章

子どもの育ちと親のかかわり

子どもの育ちと親のかかわり……43
1 保育士が教える「子育ての極意」……44
【子育ての極意表】子どもとのかかわりかたとパパ・ママの心得……46
2 子どもの育ちのとらえかた……58
3 一緒に遊んで……59
4 絵本を一緒に読むといい理由……61
5 「気持ち」の育てかた……62
6 パパ・ママがんばって……63
7 パパの役割……65
【コラム】親子で楽しめる遊びの例……66

第3章

子どもと向き合う

子どもと向き合う……69
1 「慣れる」だけではない慣らし保育……70
2 くっついていたい……71
3 生きる力の源＝「自信」……73
4 一生ものの安心感……74
5 「愛されている」という実感を育むには……76
6 わが子は何を求めているのだろう……79
7 凛《りん》とした子どもに……80

第4章
親が親として育つとき……83
1 子どもとともに育つ……84
2 親が親らしくなるために……85
3 子育ての覚悟……86
4 一人で子育てはできません……88

第5章
保育園というところ、保育士という仕事……91
1 保育園の役割と保育士の役割……92
2 保育園は、子育てを応援します……93
3 保育園はあえて「面倒くさいこと」をやります……94
4 保育園には、親子の絆を強くする役割がある……96
【コラム】がんばろう！ 保育士！……98

第6章
親心を育む……101
1 一日保育士体験と親心……102
1・育ちにくい親心……102
2・「落とし穴に落ちるのは子どもたち」という現実……103
3・親心の芽を出し、伸ばすために……105
4・子どもに一番大切なのは親心！……107

2 乳幼児期の大切さ……109
1・切られた電話のコード……親子の絆に迫る危機……109
2・将来の親子の幸せにつながる……111
3 社会に親心を育てる……112
1・育てることで育つもの……112
2・育ちをみることで育つもの……113
3・小中学校でもぜひ！ 一日保育士体験を……114
4・長時間保育の限界……117
5・子どもの視点で子育てを見直す……118
4 子どもの笑顔のために……120
1・今こそ「子ども力」を見直そう……120
2・親子の絆が生まれるとき……122
幼児に囲まれ自分を発見する……「親心を育む会」スーパーバイザー 松居 和……124
子どものことをもっと知ったら、子育ては楽しいのでは……「親心を育む会」スーパーバイザー 原田壽子……129
【巻末付録】一日保育士体験マニュアル……134

第一章で紹介されている事例は、実践例を元に再構成したものです。
登場人物名はすべて仮名です。

第1章

子どもが笑顔《よろこぶ》！
一日保育士体験

01

パパもママも　きょうは　せんせい！

みなさんは「一日保育士体験」と聞いて、どのようなことを思い浮かべますか？

＊「中学生や高校生の『職業体験』みたいなもの？」
＊「有名人の『一日〇〇署長』みたいなもの？」
＊「保育士の仕事のたいへんさをわからせようとする体験!?」

などなど、いろいろな想像や誤解（？）が頭に浮かんでくるかもしれませんが、この本でご紹介する一日保育士体験は、このどれとも違います。私たちがみなさんにお勧めする一日保育士体験は、

＊　パパ・ママにとっては、保育園という場所とそこに流れる空気を丸ごと体感してもらう
＊　保育士にとっては、毎日おこなっている「保育」を見直す機会になる

そのような体験です。

一日保育士体験は読んで字の通り、「一日、保育士になって、保育園の生活を体験する」という、

とてもシンプルなものです。でも、その効果は驚くほど大きく、体験から得られたものは、すべて子どものためになり、子どもの育ちを支える貴重な財産になります。

この体験では、パパ・ママは「パパ先生」「ママ先生」になります。それがこの体験の一つのポイントなのですが（これについてはあとで）、先生になるといっても「保育士になる」ことが目的ではありません。だから、

＊　子どもの気持ちになって、保育園生活を楽しんでもよし

＊　親の目線で、保育園や子どもたちをじっくり観察してもよし

＊　保育園の先生気分を楽しんでもよし

体験のしかたは人それぞれでOK。ルールなどありません。この体験から感じることや見えてくることも人それぞれです。ですが、その一つひとつは、わが子や子育てのしかたを見直したり、子育ての助けになったりします。保育園との信頼関係を深めていくきっかけにもなります。もしかすると、パパ・ママ自身の人生観、価値観までも変えることになるかも……。

一方、パパ先生・ママ先生を迎え入れた保育園には、パパ・ママからの、愛があるからこそのキビシイ意見や疑問が寄せられたりします。私たち保育士にとって、それは毎日の保育を見直すきっかけ

になります。そして、それらに応えていくうちに、いつのまにか「保育の質」が高まってくるという確かな手応えも感じています。

子どもたちは、パパ・ママが一日保育士体験に来る日を、指折り数えて楽しみに待っています。もちろん体験当日は大はしゃぎ。そんなかわいらしく、ほほえましい子どもたちに迎えられて、一日保育士体験はスタートします。

02

保育園にどっぷりつかってみてください

私たちの推奨する一日保育士体験は原則、お子さんのクラスで「一人で」「一日」体験します。

「一人じゃ心ぼそい……」

たった一人だなんて緊張しますよね。でも、ほかにも体験に来ているパパ・ママがいたらどうでしょう？　ついついおしゃべりしたくなったり、お互いに頼ったりしたくなるでしょう。パパ・ママ同士が仲良くなっていただくのは大歓迎ですが、子どもの成長の一瞬を見逃すなんて、もったいない!!

「保育参観ではダメなの？」

「運動会とかの行事に参加すればじゅうぶんでしょう？」

思い出してください。小学生のころの「授業参観」。その日は、朝からクラス全体がそわそわ。教室の後ろにはパパ・ママがびっしり。みんな「うちは来てるかな？」と何度も後ろを振り返ります。担任の先生も、いつもはジャージなのにスーツなんか着たりして、あきらかに緊張。授業参観はみんな「いつも通り」ではないのです。それと同じ。保育参観も「いつもの姿」ではありません。

それからこういった行事の日、パパ・ママのみなさんの手には必ず、デジカメやビデオが握られています。わが子のかわいい姿を一瞬たりとも逃さず撮りたいという気持ち、とてもよくわかります。でも、子どもたちには、ファインダー越しにのぞくパパ・ママの顔は見えてはいません。手はデジカメやビデオでふさがり拍手もまばら。子どもたちは残念そう。パパ・ママも撮るのに必死で、子どもの活動や表情をゆっくり楽しむどころでないのでは？

一日保育士体験は、一日という時間のなかで、保育園での子どものありのままの姿を自分の目で確かめられる絶好のチャンスです。だからこそ「フツーの日」に来ていただきたいのです。

そして最後に、「一日は長いなあ。半日ではだめなの？」

私たちの切なる願いとして、一日保育士体験の日は、ぜひ、日ごろお子さんがいる時間分、保育園で過ごしてください。お子さんが過ごす時間の長さを体感し、遅くまで残る子どもたちのさびしい顔、耐える気持ちを知ってほしいのです。

「長く預けたくって預けてるわけじゃない。仕事なんだからしかたないじゃない！」といらだつパパ・ママの心情、痛いほどよくわかります。だって、私たち保育士のなかにも、わが子を保育園に預けながら仕事をしたり、かつてその大変さを乗り越えてきた者が大勢いますから。

でも、私たち保育士は、何をおいてもまず、子どもたちの味方になります。自分の気持ちをうまく伝えられない子どもたちに代わって、まず、子どもたちの側に立って考え、話をします。子どもたちは、幼いなりに気持ちに折り合いをつけながら、毎日本当によくがんばっています。一日保育士体験のその日だけでも、同じ時間を過ごすことで、その気持ちを受け止めてみてください。

＊　＊　＊

だいじょうぶ。あっという間に、笑顔の子どもたちに囲まれます。

体験後のパパ・ママはみんな、今日いちばんの笑顔で保育園から帰って行きます。パパ・ママが保育園に来てくれる、ただそれだけでうれしい子どもたち。そのうれしさをパパ・ママが感じて笑顔になる。それが親子にとって、何より大切なことなのだと、私たちは考えています。一日保育士体験を通して、保育園の雰囲気に、子どもたちとのふれあいに、一日どっぷりつかってみてください。

03

いいことといっぱいの一日保育士体験

パパ・ママにとっていいこと

〝知らないわが子に会える〟

はるかちゃん（3歳）の一日保育士体験の日。来てくれたのはママですが、保育園の門を押す手がいつもより重い。はるかちゃん、家では、着替えも食事もかたづけも、ほとんど自分でやりません。「保育園ではがんばってますよ」と先生から聞いてはいても、（心配させないように気遣ってくれているのかもしれない……）と、先生を手こずらせるはるかちゃんを想像してしまいます。（わざわざ自分の子育てのへたさを見に行くようなものね……）と、ママは気が重いのです。

午前9時、いつものように朝のあいさつから始まります。最初の活動はお絵描きです。ママも先生として、机のまわりを歩きながら、子どもたちに声をかけます。子どもたちが思い思いに描く絵は本当に個性豊か。そして一生懸命。はるかちゃんも同じです。黙々と絵を描きあげ、自分の道具をかたづけます。ママはほっと胸をなでおろしました。

そうこうしているうちに給食の時間。ママ先生は、机の上にビニールカバーをかけ、ふきんでふいていきます。続いて、手を洗い、マスクをして、おかずののったお皿を並べます。配膳が終わると、子どもたちの間に座って、一緒に「いただきます」。ふと、はるかちゃんを見ると、慣れないおはしを使い、自分で食べています。ちょっと信じられない姿です。

そして、昼寝の前の着替えの時間。ママは（さすがにこれは無理かも……）と、はるかちゃんのそばに近寄ろうとしましたが、途中でピタッと足が止まりました。はるかちゃんは、確かに着替えは遅いのですが、パジャマの前後ろが正しいかどうかを先生に確認しながら、なんとか自分で着替えようとしています。このときママは、涙がこぼれそうになったといいます。

体験後、ママは、「家では私が手を貸さないと、絶対に着替えをしないのに、自分でできるんですね！　驚きました。はるかのがんばりをみてうれしかった！　ほかの子と同じようにできてよかった！　忙しくてつい、次から次へとやってしまうのですが、待つことも必要なんですね」と笑顔で語ってくれました。

体験当日、クラスに一歩足を踏み入れると、そこには想像とはまったく違う世界が広がっています。まず、よくも悪くも、家とは違うわが子の姿を目にして驚きます。

おとながそうであるように、子どもたちにも「外の顔」と「家の顔」があります。

たとえば、保育園で好きな遊びと家での遊びに違いがあることは、よく聞く話の一つです。家では甘えてしまってできないことも保育園ではできたり、お友だちや先生とのつきあいがあるからこそ出てくる行動や感情の変化もあります。お友だちとどんなふうに過ごしているのか、先生のいうことをどんな表情で聞いているのか、けんかやトラブルにどう対応しているのか、よく名前を聞くお友だちはあの子なんだね……。パパ・ママが知らない、保育園でしか見ることのできないお子さんの姿や「子どもたちの世界」をぜひ、見に来てください。

また、お子さんの保育園でのがんばり、成長を目の当たりにすると、「自分は子どものすべてをわかっている」という思い込みが、みごとに打ち砕かれます。たくましささえ感じることでしょう。よいところを認め、がんばっていることを心の底から応援していく。それをせずに、悪いところばかりを指摘して、頭ごなしにしかっては、子どもは「どうしてほかのところは見てくれないの‼」「何にも知らないくせに‼」と反発するしかなくなります。

一日保育士体験の後でこう話してくれたママがいます。「『保育園で毎日がんばっている』。そのことをまずほめてあげる。こんな大切なことが疎《おろそ》かになっていたことに気がつきました」。どこの家も例外ではありません。子どものことを考えれば考えるほど、成長を願えば願うほど、欠点ばかりに目がいってしまう。これも子を思う「親心」にほかなりません。ですが、子どもたちは、がんばっていることを認めてほめてほしい！　自分のことを全部見てもらいたい！　そして心の底から応援してほしい！　そう思っているのです。家でのお子さんと保育園でのお子さん。そのどちらも「わが子」です。保育園のわが子に会いに行きたくなりませんか？

パパ・ママにとっていいこと
〝心から安心できる〟

質問です。パパ・ママは、お子さんが毎日食べている給食の味、知っていますか？

もし、連絡帳に「今日は跳《と》び箱《ばこ》を跳びました」と書いてあったら、その跳び箱はどんな形でどのくらいの高さだったのか、想像することができますか？

一日保育士体験は、お子さんの保育園での生活をパパ・ママ自身の目で確認し、実体験することで、心から安心できるようになる貴重な機会です。

えいたくん（0歳）は慣らし保育中。ちょうど人見知りが始まり出したころで、初日、ママの手から離れたその瞬間から大泣きです。初めての子ども、初めての保育園というママ。えいたくんが泣き出すと、一緒に泣き出しそうな顔をしていました。

慣らし保育3日目のこと。今日は午前中いっぱい預かることになっていましたが、今日も朝から泣き続けるえいたくん。ミルクも白湯もお茶も受けつけなくなってしまったので、「予定の時間より少し早めに、あと1時間ほどでお迎えに来てください」と、ママに電話を入れました。

「こんなに泣かせて！　一日中ほったらかしてるんじゃないんですか!?」

えいたくんを抱きしめながら、ママは怒りを抑え切れない強い口調で訴えました。心配でしかたのなくなったママは、電話を切るとすぐに迎えに飛んで来たのです。迎えに行けば、そこには顔を真っ赤にして泣くわが子……。怒るのも当然でしょう。

保育士たちは、ママの怒りにただただ恐縮するばかり。それでも、少しは泣き止む時間も増えて、慣れるまであとちょっと……と思っていた矢先のことでしたから、園長は、ママにこう提案しました。「お仕事の始まりはまだでしたよね？　明日、えいたくんと一緒に一日、保育園で過ごしてみませんか？」。その提案にママは「明日来ます！　全部見せてもらいますから！　こんなんじゃ預けられないわよ!!」と吐き捨てるように言って帰って行きました。

翌日、「いつも通りの保育を」と保育士全員で確認し、えいたくんとママの登園を待ちました。登園してきたママは、昨日の怒りがまだおさまらないようで、あいさつをしても無言のまま、部屋に入って行きました。同じクラスのお友だちも登園し、0歳児クラスの一日が始まりました。

時間が過ぎるのは、あっという間。ママは「昨日は子どもの泣き顔を見たら怒りが込みあげてしまって……。今日一緒に過ごして、先生方が子ども一人ひとりのペースに合わせて、食事やミルク、寝かしつけなどをしているようすを見て安心しました。えいたも早く慣れてくれればいいなと思いました。この保育園にしてよかったです」。このことばに、園長も保育士たちも心底ほっとしました。

迎えに行ったら子どもが大泣きしていた、お友だちを噛んだ／噛まれた、けんかして叩いた／叩かれた……。パパ・ママは心配でしょう。「なんで止められなかったの？」「うちの子、いじめられているんじゃ……」等々、伝え聞くだけのパパ・ママは気が気ではないでしょう。

トラブルにかぎらず、子どもたちが過ごすようすを実際に目で見て確認できると、本当に安心できます。もし何かあっても「こういうことか」と察しがつく。人は想像を膨らませると悪いほう、悪いほうへと考えがち。疑心暗鬼になって苦しくなってしまいます。

保育園でのわが子の生活を自分の目で見て確認する。それは親の義務でもあり権利でもあります。百聞は一見にしかず。ぜひ一日保育士体験を通して、ご自分の目でお子さんの生活を見てください。

パパ・ママにとっていいこと
〝子どもの心に気づくことができる〟

毎日顔を見ているのに、家で一緒にご飯を食べたり、遊んだり、寝たりしているのに、「保育園にパパ・ママが来てくれる」、それだけで子どもたちは大喜び。なぜだかわかりますか？

「わたし、こんなことできるんだよ」

「○○ちゃんは、ぼくのおともだち」

「××せんせいは△△ぐみだよ」

「わたし、てつぼうがとくいなの！」

「きゅうしょく、いっぱいたべてるよ」

子どもたちの心のなかは、パパ・ママに見せたいこと、教えたいことであふれかえっています。ちょっとはずかしいなぁ……なんて複雑な気持ちものぞかせながら。

子どもたちにとって一日保育士体験は、いつもは話だけでしか伝えられないことを、パパ・ママに実際に見せてあげられる、とても幸せな時間です。体験中、パパ・ママがほかの子どもたちと遊んでいるのを見たら、焼きもちを焼いて、さみしくって、泣いてしまうこともあります。わがままだって言うでしょう。でも、それこそ親子。絆が深いからこその焼きもちです。

れいちゃん（4歳）のママは、れいちゃんが最近、お友だちにすぐ手を出したり、自分にも先生にも反抗的な態度をとったりする理由がわからずに悩んでいました。今回の一日保育士体験は、その理由を探すのも一つの目的です。

れいちゃんのママは、れいちゃんがまとわりついてきたり、ほかの子どもたちが自分にくっついてきたりするのを見て、4歳といってもまだまだ甘えたいのだなと気づいたそうです。実は、れいちゃんには最近、弟が生まれました。ママは、「弟の世話でれいの相手をすることが少なくなったばかりか、『おねえちゃん』の役割を期待して接するようになってしまった。さみしい思いをさせてしまっていたのかもしれません」。れいちゃんとの関係を振り返りながら、そう話してくれました。

集団のなかでわが子を見る。そのことでパパ・ママは〝気づく〟ことができる。それは、自分の子どもを「わが子」ではなく、まわりにいる個性豊かなたくさんの子どもたちのなかの「一人の子ども」として、たて・よこ・ななめから客観的に見ることができるからではないでしょうか。この日をきっかけに、ママはれいちゃんと向き合う時間を意識してつくるようにしたそうで、れいちゃんはだんだん、口調もやさしく、お友だちとも仲良く過ごせるようになりました。弟の面倒もよく見るようになったそうです。

パパ・ママに自分のことを見てもらえた喜び、遊んでもらった満足感は、子どもの成長の糧《かて》となり、意欲や活力がわいてきます。特にきょうだいのいる子どもたちは、親を独占したいという気持ちも満たされ、気持ちも安定します。子どもは、自分の成長を見せたがっています。特に、大好きなパパ・ママには一瞬たりとも逃さず見てほしい、それが子どもの本心です。保育園での自分をパパ・ママは知らない。だから、保育園での自分だって見て、その空白を埋めてほしいと願っているのです。体験後、パパ・ママが一日保育園に来てくれたこと、自分を見てくれたことに満足した子どもたちは、本当にいい笑顔をします。その笑顔を見たとき、パパ・ママは「子どもの成長に、自分たちがどれだけ必要とされているか」に気づかされることでしょう。親子の絆がさらに強まる瞬間です。

パパ・ママにとっていいこと

〝「子育てのワザ」あります〟

「あやのママなんだからね!!」

「ちがうよ、きょうはママせんせいでしょ！」

一日保育士体験のときによく聞く、子どもたちの会話です。一日保育士体験の日、パパ・ママは、お子さんのクラスの「パパ先生」「ママ先生」になって過ごします。なぜ、わざわざ「先生」になるのでしょうか？　理由は二つあります。

一つは、「先生」として入ると、パパ・ママはすべての子どもたちに目を向けるようになり、子どもたちのほうには遠慮がなくなるからです。わが子だけでなく、ほかの子どもたちとのかかわりが増え、幅広く子どもたちを見ることができるようになると、子どもの成長・発達についての理解が深まります。そして、乳幼児期のこの時期がいかに大切な時期なのか、ということをあらためて感じることができるでしょう。「そんなことで変わるの？」と思われるかもしれませんが、「先生」と呼ばれるか呼ばれないかだけで、意識って結構変わるものです。

もう一つは、「先生」として子どもたちに接することで、保育園で毎日おこなっているさまざまな、子どもの生活に必要な配慮や工夫を知ることができるからです。

ひろしくん（5歳）のママは、いつも礼儀正しく、ルールをとても大切にされる方です。一方、ひろしくんはやんちゃ盛り。性格も、興味があるものには突進していくタイプ。送迎時には、ママの「ダメ！」「やめなさい！」「待ちなさい！」という声がよく聞こえています。

そんなママが「一日保育士体験」にやって来ました。ひろしくんは朝からパワー全開！　ママの不安そうな顔をよそに、元気よく、園庭に飛び出して行きました。

園庭のタイヤブランコは、子どもたちの人気の的。みんな乗りたくて乗りたくて、ウズウズ。ひろしくんは、元気なうえに体も大きい。並んでいるお友だちを押しのけて、ブランコに乗ろうとしました。それを見たママがいつものように「ダメでしょ!!」と言いかけたそのとき、「うわぁ～、み～んなかっこよく並んで、えらいわねぇ！　順番がちゃ～んと守れるいい子は、だれかな～？」と、一人の保育士が、のんびりと声をかけました。

「ひろしくんがじゅんばんとばした！」。ほかの子が訴えます。それを受けて、「ええ～!?　本当!?　ひろしくん!?」。保育士は、さも意外そうな声を出します。

ひろしくんは、もじもじしながら、「ううん……、ちゃんと並べるよぉ……」と言って、列の後ろに並び直しました。

「じゃあ、みんな10数えたら交代ね！　いーち、にー、さーん……」

「先生すごいですね！　怒らなくてもちゃんとわかるんですね！」とママは興奮気味。体験後のアンケートには、「いつも、子どもをしかってばかりだったけれど、先生たちが、『○○できる子はだれかな？』とか『みんなで静かにできるかな？』とか、その気にさせることばかけで子どもたちを導いているのを見て、こんな方法もあるんだと勉強になりました」と書かれていました。

保育士が子どもとかかわるようすを見ていると、子育てに役立つことがたくさんあります。たとえば、朝のあいさつ。子どもたちのあいさつのなかに隠れたサインを、保育士は見逃しません。

＊　元気いっぱい猛アピールの「お・は・よ・う－!!!」
＊　にこにこ笑顔のおだやかな「おはよう」
＊　おうちの人にべったり、うつむきながら、今にも消え入りそうな「おはよぅ……」

毎朝繰り返される「おはよう」のあいさつも、体調や心境によって違います。この「おはよう」から保育士は毎日、「今日は元気がないのかな?」「昨日、おうちで何かあったのかな?」と子どもたちの気持ちを思いやり、次の会話、その日の保育につなげて行きます。

また、給食やおやつの時間には、量や味つけ、子どもが楽しく食べられる工夫、食事のサポートのしかたも参考になります。ほかにも、年齢に応じた遊びや学び、安全への配慮、しかりかたやほめかた、けんかの仲裁のしかたなど、悩み多き「自己流子育て」「家庭流子育て」にパッと光が差し込むようなたくさんの子育てのヒントがあります。保育士の子ども一人ひとりに応じたかかわりかたを間近に見て、子どもと真っ正面から向き合うことの大切さを思い出すかもしれませんね。

子育てに正しい方法などというものはありません。子どもによって、声のかけかた、やる気の起こさせかた、効果的な注意のしかたも違います。いろいろな方法を知ってそれを臨機応変に使い分けることができる。それこそが「子育て上手」かもしれません。

プロ直伝の子育てのワザ!　お見逃しなく!!

パパ・ママにとっていいこと

〝子育てに自信がもてる〟

あいこちゃん（3歳）は集団生活が苦手。いつも保育士のそばを離れません。不安も強いようで、部屋の移動や保育中のちょっとした変化にも大泣きしてしまいます。保育士が一対一でむき合っているときはいいのですが、少しでもほかの子どもに気を取られると、また大泣き。お友だちと一緒に活動することが難しいお子さんでした。そのことを伝え聞いたママは悩んでしまい、だんだんと保育士と視線を合わせず、送迎も逃げるように帰ってしまうようになりました。

一日保育士体験の日、ママは緊張して顔もこわばり気味。一方、あいこちゃんはうれしそうに、ママとつないだ手をブンブン振り回しています。（……だいじょうぶかな？　もし、あいこちゃんがいつものように大泣きしたら、ママは「自分がちゃんと子育てできていないせいだ」って思って、もっと落ち込まないかしら……）。担当保育士は、ちょっと心配でした。

部屋では、「ママせんせいだ！」「きょうは、あいこちゃんのママ！」と子どもたちが大はしゃぎ。その歓迎ぶりにママは少しとまどっていましたが、あいこちゃんは笑顔でママの手を引き、みんなのなかに入って遊び出しました。いつもは大泣きするあいこちゃん。これには保育士もびっくり。ママも、子どもたちと遊ぶうちに、気持ちがほぐれてきたようで、ときおり笑顔も見られるようになりました。保育士の心配をよそに、あいこちゃんもママも一日を楽しめたようです。

体験終了後、「今日はいかがでした？」という園長の問いかけに、「私、自分の子育てがこれでよかったんだって思えました。あいこがあんなにいろいろなことができて、みんなと同じくらい育っているってわかって。子どもって本当にみんなかわいいですね」と、ママは少しはにかみながら答えてくれました。

翌日、あいこちゃんを送ってきたママに「昨日はありがとうございました。疲れませんでしたか？」と声をかけると、目を合わせてちょっと笑って「少し」と答えてくれました。その日から徐々に、あいこちゃんの大泣きは回数が減り、ママも会話をしてくれるようになりました。

自分の子育てはこれでいい？　ちゃんと育っているの？　パパ・ママはだれしも一度は考えることでしょう。考え込んだすえに、育児不安におちいったり、うつになったりすることも。子どもは育児書通りには育たない。育児書通りの子どももいない。わかっていても翻弄《ほんろう》されるのは、子どもを心から愛するパパ・ママの親心ゆえです。一日保育士体験でたくさんの子どもたちとかかわると、いかに情報に振り回されて子育てをしているかに気づかされます。子どもは大好きな人と一緒にいるのが楽しい。みんなと仲良くなりたい。そんな純粋な気持ちを受け止めて、子どもと手をつなぎ、向き合っていく。それが何より大切なんだと感じられると、子育てにも自信がもてることでしょう。

パパ・ママにとっていいこと
〝パパが子育てに目覚めます〟

「イクメン」ということばが出てきたように、最近は、保育園の送迎や行事にも積極的にパパが登場するようになりました。私たちはこの変化をとても喜んでいます。でも、まだまだ子育てと縁遠いパパも。一日保育士体験は、そのようなパパたちを子育てに目覚めさせる力をもっています。

ちかちゃん（1歳）のパパを、入園してから今までほとんど見かけることはありませんでした。ママに聞いても「仕事が忙しいですし、子どもにもあまり興味がないみたいで……」。当然、0歳児のときの一日保育士体験はママが参加です。

さて、今年の一日保育士体験。ちかちゃんのおうちは……っと!? 参加予定者の書き込み欄には、なんとパパのお名前が！ ママに聞くと「今年はパパに行ってもらうことにしました」。保育士たちは、ちかちゃんのパパに会える！ とその日を楽しみにしていました。

当日。ちかちゃんのパパは、保育園に来るのも初めてなら、ちかちゃんを送ってくるのも初めて。相当緊張しています。まず、ちかちゃんを保育士に預け、事務所に向かおうとしたそのときです。部屋の戸がバン！と開いて、ちかちゃんが泣きながらパパの後を追いかけていきました。

「パパ!! パパ!!」。

泣いてパパの足にしがみつくちかちゃん。パパはどうしていいかわからずオロオロしています。保育士が「パパがいなくなっちゃったから、心配になったみたいです」と話すと、「おまえ、俺を探しに来たのか？　俺を追って来たのか？」と、ちかちゃんを抱きあげました。ちかちゃんは、パパに抱っこされて、しがみついています。

「いや、自分を追ってくるなんて……。今までそんなこと一度もなかったものですから。自分のところに来ることなんて……」。ちかちゃんを抱っこしながらつぶやくパパの目にはうっすら光るものが。それはとても幸せそうで、その場にいた保育士たちもジーンと来てしまいました。

子どもたちはパパが大好きです。生まれてしばらくは、ママといる時間のほうがどうしても長くなって、なんとなく疎遠になってしまうのでしょうが、子どもたちは本当に、パパが大好きです。

よく「親の背中を見て子は育つ」といいます。子どもの成長の過程では、たしかにそういう時期もあるのでしょうが、その前に、背中の持ち主は、自分を愛し、守り、成長を心から喜んでくれる人だという確信を、子どもの心のなかに育てなくてはなりません。信じられる背中だからこそ、子どもはパパの背中を見て、何かを感じるのです。

子育てに無関心だったちかちゃんのパパですが、ちかちゃんとかかわりたいのに方法がわからなかった、ただそれだけなのではないかと思います。一日保育士体験を機に、パパはときどきお迎えにも来てくれるようになり、帰りに親子げんかする姿も見られるようになりました。

保育園は、パパを待っています。

職場はパパが来てくれただけで喜んではくれませんが、保育園は「パパが来てくれた！」それだけで大歓迎‼　一日保育士体験にパパが来たときの子どもたちの喜びようといったらありません。ママよりだんぜん人気が高いんですよ。おうちでは「ママがいい〜」と泣かれる？　そんなの関係ありません。パパは、子どもたちのなかに入った瞬間からヒーローです。

子どもたち、特に男の子は、自分より大きな男の人と遊びたくてしかたありません。なぜかといえば、ママではできない、許してくれないような乱暴な（⁉）遊びと笑いを提供してくれるから。肩車も、空に届きそうなほどのタカイタカイも、

子どもたちには信じられない強い力とダイナミックさ。心も体も躍るように遊んでもらった思い出は、子どもたちのなかにずっと残ります。

次に子どもたちに会ったときには、「あ、○○ちゃんのパパだぁー！」と飛んで来てくれます。それを見たあなたのお子さんは、焼きもちを焼くのでしょうか？　それともみんなに自慢するのでしょうか？

「パパ」になったからこそ味わえる喜び。ぜひ体験してください。

保育士にとっていいこと　〝「保育園」を知ってもらえる〟

子どもを保育をするうえで、保育士とパパ・ママとの信頼関係は欠かせません。しかし、子どもの人数以上のパパ・ママ、あるいは、おじいちゃん・おばあちゃんもいるわけで、個性豊かな保護者のみなさんとどうコミュニケーションをとったらよいのか、悩んでいる保育士は少なくないでしょう。

保育士になって5年目のふみよ先生。毎日、かわいい子どもたちと一緒に活動するのが大好きな先生です。でも最近、ちょっと元気がありません。話を聞くと、「保護者のみなさんにどう対応していいかわからず、怖くなった」とのこと。

先日、外遊び中に担当している子どもが転んでけがをしてしまいました。けが自体は軽く、本人も平気そうだったので、応急手当をしてようすをみることに。お迎えに来たママに、けがの状況と対応について伝えると、こう言われてしまいました。

「お金払って預けているのに、けがをさせるってどういうことですか？　うちの子をちゃんと見てないんじゃないですか？」

もちろん、そんなことはありません。ふみよ先生は誤解を解こうとしたのですが、ママは「いいわけはいいですから。以後、気をつけてください」とキツイ一言。主任にこのことを報告すると、「あなたのけがの対応はまちがってなかったと思うわよ。子どもが転ぶのを事前に止められる保育士って、そうそういないでしょ？　きっと、ママも疲れていたんじゃないかしら？　ママのようすをみながら、またお話してみたら？」というアドバイス。ふみよ先生は（そうかもしれない……）と思ってはみたものの、この件以来、そのママと話をするのがぎこちなくなっていきました。子どもたちのことはみんな大好きなのに、こんなにも毎日がんばっているのに、理解してもらえないことがさびしい……。だんだん、ほかの子どもの保護者も苦手になっていく……。そういう自分もいやになる。ふみよ先生は、どうすればよいかわからなくなってしまいました。

そんなとき、「一日保育士体験」の話を聞いてきた園長先生の提案で、年度の途中だけれども、この園でもやってみよう、ということになりました。

（一日保育士体験……）ふみよ先生は不安でした。ただでさえ保護者とのかかわりを避けがちになっているのに、直接、自分の保育を見られるなんて……。

2か月後のふみよ先生。表情が明るくなっていました。体験に来たパパ・ママと他愛もない話をしているうちに、気持ちが楽になったようです。関係がぎこちなくなっていたあのママも体験に来ました。子どもたちの元気な外遊びにつき合ったあと、笑いながら「子どものパワーに圧倒されますね。毎日見てくれている先生ってホントすごいですね」と言ってくれたそうです。

保育士のみなさんは、子どもの保育園でのようすをパパ・ママにうまく伝えることができなかったり、保育士の思っていることとパパ・ママの思っていることに食い違いが出て来たりすると、「どうして理解してもらえないんだろう」と思ってしまいませんか？　でも、パパ・ママは日中の保育は見ていないのですから、わからないこと、伝わらないことがあっても当然です。

パパ・ママのなかには、たしかに対応の難しい方もいます。「保育料を払っているんだから面倒を見るのは当たり前」「けがさせないのは当然」という態度をあからさまにとったり、自分の要求を押し通そうとしたり、無関心で預けっぱなしだったり。でも、そんなパパ・ママも一日保育士体験をすると、保育園で起こることを客観的に考えてくれるようになります。保育園というところを知ってくれたパパ・ママは「子ども同士はトラブルがあって当たり前。気にしないでください」と、「自分の子どもが通う保育園」という見かただけでなく、「たくさんの子どもが育ち合う保育園」という見かたもしてくれるようになります。さらに、保育士の仕事を理解して、保育園や保育士に感謝の気持ちをもってくれたり。保育園をともに支えてくれる「パパ・ママ応援団」が確実に増えます。保育士にとって、こんなにありがたいことはありません。

保育士にとっていいこと
〝保育への自信が深まる〟

一日保育士体験の日、パパ・ママは「パパ先生・ママ先生」という私たち保育士の同僚になります。一緒に保育をするわけですから、自分の保育のしかたはすべて見られることに。保育園の隅から隅、裏の裏まで見せるのはたしかに怖いです。私たちも正直なところ、最初は怖かった。


「うちの園でも今年度から『一日保育士体験』をやります」

園長先生の発表に、さとみ先生は抵抗を感じました。

(なんで、親を保育園に一日呼ぶ必要があるの？　子どもも落ちつかないし、第一、ずっと見られるなんてイヤだよ!!)。

ほかの先生たちも微妙な顔……。でも、やる気満々の園長先生に、正面切って反対することはだれもできませんでした。もやもやした気持ちのまま一日保育士体験は始まりました。さとみ先生のクラスにも、さっそくママ先生がやって来ました。

「おはようございます！　今日はよろしくお願いします！」

笑顔であいさつするさとみ先生でしたが、内心はドキドキです。

「せんせー！　けいたくんとつよしくんがけんかしてるー!!」

振り向くと、戦いごっこがヒートアップ。互いに手が出る寸前！　さとみ先生は、いつもの通り素早く二人の動きを止めると、それぞれのいい分を聞き、仲直りできるように二人を援助しました。気がつけば、ママがこちらをじっと見ています。（え？　今の対応、おかしくないよね？　変なことばも使ってないよね？）と、さとみ先生、自分の行動を思い返します。

今日もいつもと同じように、めまぐるしく時間が過ぎていきます。いつしか、さとみ先生はママ先生の存在にも慣れていました。休憩時間には、ママとじっくりお話。（保育園のこと、こんなふうに考えていたんだ……）と、今まで以上に、ママに親しみを感じました。体験後には、「本当に先生ってすごいですよね。先生が見ていてくださるから、私も安心して仕事に行けます。ありがとうございます」といわれ、さとみ先生は、うれしいやら恥ずかしいやら……。

別の日、ある体験後のアンケートに「給食が少し冷めていたのが残念でした」と書かれていました。職員会議ではそのことがさっそく議題に。どうしたら全クラス、冷めずに配膳できるのかを職員全員で見直しました。毎日あまり意識せずにやっていたけれど、もっとあたたかい状態で配膳したいという気持ちで検討し直したところ、かなり改善されました。こういうことがほかにもあるかもしれない……。自分の保育を、自分の園のやりかたを真剣に見直す気持ちが出てきた、さとみ先生です。

私たち保育士は「保育の質」をあげようと、日々努めています。でも、保育の質って何をどうすればあがるのでしょうか？　研修に参加したり、園内で勉強会を開いたり、自分で勉強したりするのもいいかもしれません。しかし、保育の現場は毎日大忙し。じゅうぶんな時間が取れないのが現実です。体験を終えたパパ先生・ママ先生のアンケートには、こんなことばが綴《つづ》られます。

＊「こんなに愛情をもって保育してくれて、ありがとうございます」
＊「一人の子どもだけでもたいへんなのに、こんな大勢の子どもを見られるなんて先生ってすごい」
＊「先生たちが、子どもを見ていてくれるから、私たちは安心して働けます」
＊「子どもたちのことばづかいの乱暴さが気になりました」
＊「もっと、子どもたちに注意をしてもいいのかなと感じました」

このパパ・ママからのことば。これこそが保育の質をあげる特効薬です。感謝や励ましのことばに勇気づけられ、ちょっと耳の痛い意見や疑問に応えるうちに、自然と毎日の保育を見直すことができます。子どもにかけることばのトーンや内容、表情や行動、段取りやその中身が園の保育方針にそったものか、そういったことも自然に振り返ることができるようになります。パパ先生・ママ先生は、私たち保育士と一緒に保育をし、私たち保育士を「プロ」と認めてくれたからこそ、感謝もし、意見も言ってくれる。その意見を冷静に受け止め、改善していくことにより、保育士として確実にステップアップしていくことができるのです。

保育の質をあげるのは、子どもたちのためにほかなりません。100人の子どもがいれば、少なくとも100回の一日保育士体験がある。それを

積み重ねれば、あら不思議。「いつ、どこから見られてもよい保育」が自然にできるようになっていく。これは、保育の現場に大きな自信をもたらしてくれることでしょう。自分の仕事を他人に認めてもらう機会は、なかなかありません。認めてもらえたとき、自分のなかに湧きあがってくる喜びや手ごたえを存分に感じてほしい。それは、自分の保育を高めようとする意識を芽ばえさせてくれます。さまざまな意見を受け入れる度量の広さも、鍛えあげられていくことでしょう。

一日保育士体験は、「保育のプロ」としての意識をさらに高め、よりよい保育をおこなっていこうとする意欲につながっていきます。保育士一人ひとりのその向上心が、保育園全体の保育の質を向上させます。それは、子どもたちの幸せ、親の幸せにつながっていくのです。

もっとすごいところは、費用がかからないこと。始めようと思ったら、すぐに始められます。

保育士にとっていいこと
〝「同じ思い」が自然に生まれる〟

パパ・ママと私たち保育士、お互いのことをどのくらい知っているでしょうか?

＊　このママは、どんな職場で働いているのか

＊　このパパは、どんな仕事をしているのか

＊　この先生は、子どもとどんな遊びをするのが得意なのか
＊　趣味は何？　お茶が好き？　それともコーヒーが好き？

などなど、名前と顔と送迎時の短い会話だけでは、なかなかお互いを理解することはできません。お友だちにまでなる必要はありませんが、「子どもをこんなふうに育てたい」とか「これだけは子どもにできるようになってほしい」といった子育てに対するパパ・ママと保育士の双方の思いを打ち明けて話すことは何より大切なことなのに、その機会は年に一度の育児面談くらい、もしかしたら、その面談ですら、核心に迫るような話まではできないのではありませんか？

一日保育士体験では、パパ・ママと保育士は一対一に近い関係で過ごします。人が同じ空間で、同じ時間を過ごすとき、そこには「共感」と「信頼」が生まれます。一日一緒に子どもの世話をしながらいろいろな話をすれば、パパ・ママも保育士も自然に、相手のことを知ろうとするでしょう。そうすると、伝えたいことや理解してほしいこと、一緒に喜んでほしいこと、悩んでほしいことなど、同じ思いで子どもに向かい合うことができるようになる。それが信頼につながっていくのです。

子どもたちは「仲良し」が大好き！　パパ・ママと「せんせい」が信頼し合って、自分の成長・発達を一緒に喜んでくれると、安心して保育園での生活を送ることができます。パパ・ママと保育士が同じ思いをもってこそ、子どもはまっすぐに伸びていくことができるようになるのです。

04

だから、一日保育士体験

「こまった子だね……」。

おとなは簡単に子どもを「おとなをこまらす悪い子」にしてしまいます。でも本当は「こまっている子」。その子は、何らかの助けを必要としています。助けの求めかたがわからない、けれど助けてほしい。ことばにできないから、こまった行動や態度になって出てしまうだけなのです。しかし、おとなは子どもの心に向き合わず、こまった行動や態度をやめさせることに必死になってしまいます。

保育士が「助けを求めている心のあらわれなんですよ」「助けてほしいことを一緒に探しましょう」といくら伝えても、パパ・ママは「育てかたが悪いというの？」「うちの子にかぎって助けを求めてるなんて、そんなことはない！」などと反発しがちです。無理もありません。子どものありのままを受け入れる。それは大切だとわかっていても、意識していても、とても難しいことだから。

それが自然に、すんなりとできてしまうのが一日保育士体験。

だから、一日保育士体験をしてほしいのです。

子どもはこの一瞬にも成長しています。そして、成長の階段をなんなくのぼっていると思った次の瞬間、つまずいてとまどっている。うちの子はだいじょうぶ!!　と思っている間にも、何かにつまずいているかもしれません。そう、どのような親も、早い時期に子どもの成長・発達を客観的に見て、気持ちを確認し、子どもとのかかわりかたを見直すことが必要なのです。

もし、子どもの心に何か問題があったとしても、幼児期ならじゅうぶんに心の安定を取り戻すことができます。でも気づかないまま、年齢があがればあがるほど、問題の解決は難しくなります。思春期になると、それはもう本当に……。

＊＊＊

私たちも、初めて一日保育士体験に取り組んだときは不安でいっぱいでした。でも、案ずるより生むが易《やす》し。実際にやってみると、パパ・ママからの苦情はほとんどありません。むしろ、喜んでくれています。一日保育士体験は、丸一日仕事を休むうえに、未知の世界で過ごすわけですから、必ずしも全員が積極的に参加しているわけではありません。しかし、一度体験すると、気づいたり見えたりすることに衝撃や感激を覚えるのでしょうか、「来年も！」とリピーター続出です。

すべては、子どもたちの幸せのために。ぜひみなさんも一日保育士体験に挑戦してください。親子にも、保育園にも、きっといい変化が訪れることでしょう。

第2章

子どもの育ちと
親のかかわり

01

保育士が教える「子育ての極意」

パパ・ママの送り迎えのようすを眺めていると、「それは無理じゃないかな?」とか、「おや? そんなことまでしてあげているんだ」と思う場面に遭遇することがあります。たとえば、

＊　1歳前半の子に「自分で靴をはきなさい!」と腕組みをして待つパパ

＊「自分でかばんをもつ!」という2歳半くらいの子に「無理でしょ?」といって持ってあげるママ

「このくらいの年齢では、このくらいのことができる」という発達のめやすや「このくらいの年齢の子どもには、こういうかかわりかたをすればいい」というコツをパパ・ママがもう少し知っていれば、子育てをもっと楽しめるのに……と感じるときです。

きょうだいも多く、公園や空き地に行けば子どもが群れをなして遊んでいた時代には、いろいろな年代の子どもと一緒に遊ぶなかで、「このくらいの子は、こんな感じ」ということを自然に学ぶことができました。しかし、今ではそんな環境は、あまり見られなくなっています。そのためか、「子ども」というものをよくわからないまま親になり、ちぐはぐな対応をしてしまうパパ・ママが多いように思います。そして、必要以上にイライラしたり、しかったり、不安になったり、悩んだりしていること

も多いように、私たち保育士にはみえます。それは、親にとっても子どもにとっても不幸なこと。逆に、育児書に書いてあることや発達の進みぐあいにとらわれ過ぎて、親子ともども追いつめられるのも悲しいことです。

そこで、私たちは、子どもの成長・発達のこと、生活のこと、かかわりかたといった「子育ての極意」を、パパ・ママに伝授したいと思います。保育士の専門的な知識と技術、子どもと毎日接するなかで蓄積してきたノウハウをお教えすることで、パパ・ママの子育ての悩みが解消され、子育てを心の底から、おおらかな気持ちで楽しんでもらえたらと思っています。さらに、一日保育士体験に行けば、もっとたくさんのことが学べることでしょう。

＊　＊　＊

子どもには、年齢ごとに大きな特徴があります。次のページから、その特徴に応じた親のかかわりについてまとめてみました　お子さんが今、どのような特徴をもっているのか、どういうかかわりかたをすればよいのか、わからなくなったり悩んだりしたときに、ぜひ読んでみてください（注……保育園からみた子どもの育ちを前提にしています。育ちには個人差があります。あくまでもめやすとして読んでください）。

0歳 子育ての極意表

子どもとのかかわりかたとパパ・ママの心得

子どもの特徴と対応

●泣く
↓とにかく抱っこ。泣いたら抱っこです

●天使の微笑み
↓笑みで返す。ことばかけやほっぺつんつんなどのスキンシップでさらに笑みを引き出します

●興味の赴《おもむ》くまま、いろんなものにふれる
↓このころの子どもは、さわって、なめて確認するもの。「キタナイ」「ダメ」と禁じないでください

親の心得

●パパ・ママの睡眠不足は当たり前

●「子どもは泣くのが仕事」を肝に銘じよ

●パパの役割その1
ママをメンタル面でバックアップ。「がんばってるね」「ありがとう」の励ましを。できる家事は手伝って

●パパの役割その2
子どもをお風呂に入れるのはパパの仕事と心得て。大きな手で支えてあげれば子どもは安心。ママも一人の

コミュニケーション

●抱っこと声かけとスキンシップ
↓泣いたり微笑んだりといった子どものサインをしっかり受け止め、「ここちよい」状態にしてあげて、それを求めてさらにサインを出してくるような関係を築いて。その積み重ねが愛着を形成します

●どんどんことばをかけて
↓子どもは、ことばが出る前の「ことばの貯金」をしている段階。「わからないのに」なんて思わず、たくさんことばをかけて。「○

トラブルへの対応

●あぶないものは手の届くところに置かない
↓「ダメ」と禁じるのではなく、さわったり、なめたりしてはあぶないものはかたづけます

●この時期、「親を困らせよう」なんて思っている子はいません
↓お腹もいっぱい、おしりもすっきりなのに、どうやっても泣き止まなかったり、手が離せないときにかぎって泣いたりといったことはよくありますが、この時期の子どもに、だれかを

●「うーうー」といった喃語、指さしをする

↓子どもの発信する行動には、「○○だね」「そうだね」と、ことばとともに、反応し、やりとりしましょう

バスタイムでほっと一息

Check!

昔から読み継がれている本はまちがいなし。この年齢なら
『いないいないばあ』
『もこもこもこ』
『きんぎょがにげた』など

○でちゅね～」と赤ちゃん語を無理に使う必要はないですよ

●絵本もどんどん読んであげて

↓絵本はことばの貯金。そして、喜怒哀楽の感じられる心を育てます

こまらせるとか責めるなんて気持ちも行動もありません。どうしても泣き止まないときは「なんで泣くの～」「どうしたの～」って余計なことは考えないで心を込めて抱っこし続ける。これだけです

Column*01

抱っこ

「抱きぐせがつく」なんて心配する方。そんな心配は無用です。たくさん抱っこしてあげてください。泣いているのに抱っこしてもらえないと「あきらめ」を覚えてしまいます。その方がもっと心配。それから、抱っこするときは、必ず目を合わせ、声をかけましょう。

首がすわったらおんぶも。特におんぶひもを使ったおんぶはおすすめ。親子の密着度も安心感も高く、両手が空くので家事もできます。

1歳

子どもの特徴と対応

●つたい歩きやよちよち歩きで自分で動き出し、興味が広がる

→興味の赴くままにやらせてあげましょう

Check!

ハイハイや歩きながら、子どもは必ず後ろを振り返ります。そのとき子どもを「見ている」が大事。振り向けばそこにいて、アイコンタクトです。

●しっかり歩ける

→でも、パパ・ママやおとながが歩いてほしいときほど、歩きませんよ

親の心得

●目も心も、子どもから離せません

●保育園からの「発熱お迎えコール」は当たり前

●仕事より子ども。これ大事!!

●（家事を少しさぼっても）**子どもの相手をしっかりと。**多少散らかっていてもいいのです

●パパの役割その3

休みの日は、家事がしやすいよう、子どもと散歩や遊びに出て。パパが家事ならママが外へ

コミュニケーション

●ことばが出たら、会話を楽しんで

→ことばをためながら、発音と会話を覚えていく段階。「おちゅきさま」といった「幼児語」で無理に合わせず、正しい発音で、たくさん会話を楽しみましょう

●表情から感情も関係性も読んでいます

→話し相手の表情、会話している人たちの表情をそばで見ながら、コミュニケーションに必要な、感情や関係を読み解く力を磨いてます。いつも笑顔でいる必要はありませんが、おおらかでいてほしい。でも、パパ・

トラブルへの対応

●かみつき・ひっかき

→パパ・ママにとっては嫌なものですが、この時期の子どもが集まると出てしまうもの。気持ちがことばにできずに「ガブ！」なのです。子どもに悪意はまったくないので、成長の一過程と理解して、お互いさまと考えて。いつもいつもかみついたり、あんまり長く続いたりするときは、保育士や専門家に相談してください

Column*03

ほめかた

「いい子ね」「すごいね」「よくできたね」…。確かにほめていますが、もう一工夫を。子どもの「ほめられた感」をアップするにはどうしたらよいでしょうか。

子どもは、自分のしたことが、大好きな人を喜ばせたことがうれしいのです。だから、パパ・ママがそれをどう思ったのかも添えてほめましょう。たとえば「がんばって歩けたね、ママうれしい」「お手伝いありがとう、パパ助かったよ」。「すごいね」「いい子だ」といった客観的な感想ではなく、「私はそうしてくれたあなたが大好き」「私はそうしてくれたあなたを誇りに思う」という思いを込めた主体的なことばでほめてください。

また、0歳、1歳は「うちの子、本当にかわいいの」と親バカになってよし。2歳くらいになると、がんばったときには「すごいでしょ!!」という顔をするので、その瞬間を逃さず、ほめましょう。

ほめるということは「認める」こと。「認める」とは「見留める」こと。ほめることは、パパ・ママが自分を見てくれているという安心感と大好きな人が喜んでいるという幸せを子どもに運びます。いいところを見留めて、たくさんほめてあげてください。

Column*02

かみつき・ひっかきの回避法

かみつき・ひっかきは一瞬のできごと。止めたくても止められないのが実情です。

かみつき・ひっかきは、ことばの代わりに出してしまう行動。多くは、おもちゃの取り合いを始めたときに出てきます。保育園では「むむっ」という場面をみつけたら、別のおもちゃに気をそらしたり、子ども同士の距離を離したりしています。

広い部屋で子どもの人数が少ないときには、かみつきやひっかきはあまり見られませんが、子ども同士の距離が近づくと増える傾向が…。お休みのときなど、子どもの集まる場所に出かけたときなどは参考にしてみてください。また、ふだんから、つめを切っておくことも大切です。

ママがしんどいときは、それを口に出してよし。喜怒哀楽の感情があることを知り、感じられるようになるのも大切です

●ダイナミックな遊びを

↓運動機能の発達を促すために、タカイタカイや肩車、ブランコなど、ゆれたり回ったりする遊びを

2歳

子どもの特徴と対応

●「イヤイヤ」「自分で自分で」攻撃
→ドキドキすることも多いですが、命にかかわること、他人に迷惑のかかること以外はやらせてあげて。自分の気持ちが受け入れられた体験が、人の気持ちを受け入れたり、「約束」が成り立つ素地になります

●「アレナーニ?」「ドウシテ?」「ナンデ?」攻撃
→子どもの顔を見て、きちんと聞き、ちゃんと答えます

●2歳最初の夏、トイレトーレニング

親の心得

●親は「途方にくれる」のが仕事。だれも避けては通れません

●親に必要なのは「忍耐」の二文字

●パパの役割その4
おむつがとれたら、パパは男の子に、おしっこのしかたを教えてあげてください

Check!

ショッピングカートも押させてあげましょう。
やればすぐ飽きますが「ダメ」と禁じると意地になってかえってやっかい

コミュニケーション

●おもしろいことば、言い回しを楽しんで!
→この時期の子どもの発語は、ほんとにおもしろい。わからないことばもたくさんありますが、わかるものはさりげなく言い直しながら、たくさん会話をしてあげて。ことばを書き留めておくのもオススメ

Check!

たとえば
スプーン→「プッシュン」
テレビ→「テベリ」
カンパーイ→「パンカーイ」

トラブルへの対応

●取り合い・突き飛ばし・髪の毛引っ張り
→やったほうには理由があり、やられたほうには不快感があります。でも、まだことばにはできない。そんな時期です。だから、おとなが両方の代弁をしてあげて。「○○ちゃんは、これがほしかったんだよね」「けど、叩いたら痛いよね」

●突然「泣きのスイッチ」が入る時期
→何が気に入らないのか、何が悪かったのかわからないけど、収拾のつかない泣きがある時期。怒ってもしかたなし。慰めても効果な

↓もじもじサインを見逃さず、おねしょも防水シートを活用して恐れずトライ。もらしても、しからないでください

Column*04

「アレナーニ？」「ドウシテ？」「ナンデ？」の対処法

「アレナーニ？」「ドウシテ？」「ナンデ？」。答えにこまる質問も多いですから、ちょっと気の利いたわざを伝授したいところですが、ごめんなさい。この攻撃は「毎回きちんと答える」、これしかありません。適当に答えていると、延々と続きます。なぜなら、子どもが納得しないから。子どもの納得は「答えの正確さ」だけではありません。質問する自分の顔を見て「ちゃんと聞いてくれた」「ちゃんと答えてくれた」という行為のあるなしにあります。

「しかっても、うちの子ちっとも聞いてない」と愚痴をこぼすパパ・ママ。「アレナーニ？」「ドウシテ？」「ナンデ？」攻撃を聞き流していませんか？この攻撃を受け止めること、実はとっても大切なんです。人は、自分の話を聞いてくれない人の話は聞きません。パパ・ママだってそうでしょ？

聞いてほしければ、子どもの顔を見て、聞く。そして答える。まともに受け続ければ疲れもきます。ですが、その分、意外に早く、その時期は過ぎていきますよ。

し。「よしよし」となだめて待ってあげてください

●ムラ食いの時期

↓食べたり食べなかったりのある時期。「おいしくないのかしら…」「食べないなら、よく食べるものだけつくればいいね」。いえいえ、食材の味や香りを体験していく時期。いろんな食材で、食べることを楽しめる料理をめげずにつくりましょう

3歳

子どもの特徴と対応

●仲間を意識する
↓気の合う仲間ができてきます。一緒に遊ぶこともあれば、遊んでくれないことも。3歳児は自由人。気まぐれさんで、相手の気持ちを考えることまではしません。そんなときはおとながると、「一緒に遊ぼう」と仲介すると、すんなりいっしょに遊べます

●お手伝いの芽が出る
↓人の求めることがわかるようになると「～してあげる」と言ってお手伝いを買って出るように。かんたんなことはやらせてあげて。やり始めたらすかさず

親の心得

●子どもの口に戸は建てられません。見たもの、聞いたこと、何でもお話しします

●変なことば、下品なことば、子どもは大好き「うんこ」「しっこ」はよく言います。「止めなさい」と言えば言うほど、続きます。動揺しないようにしましょう

●パパの役割その5
三輪車、キャッチボール、サッカー、ドッジボールなどのお相手を

コミュニケーション

●テレビづけ子育てはNG
↓テレビやDVDもいいところはたくさんありますが、観せっぱなしはNG。コミュニケーションの力は双方向の「やりとり」がないと身につきません。テレビやDVDは時間を決めて、それ以外の時間は、親子で一緒に遊びを楽しんでください

●一緒に活動を
↓遊びも、家事も、子どもと一緒に活動してみましょう。そのなかで身につくこと、伝わることがたくさんありますよ

トラブルへの対応

●けんかの仲裁法
↓善悪が少しずつわかり始めるころ。何がダメだったかを伝えて、「ごめんね」「いいよ」と言い合うことを教えましょう。もちろん、パパ・ママも言ってくださいね

Check!


「いれて」「いいよ」

「ごめんね」「いいよ」

「かして」「いいよ」

最初は呪文みたいなもの。まだ心は込もってなくていいんです。

「ありがとう」、25%くらいで「えらいねえ」、最後に「助かったよ」と感謝して、人の役に立つ喜びを育てて

●左右・前後・表裏・現在／過去／未来がわかるように

↓左右を教えるとき、最初は「右」と「右じゃないほう」とだけ教えてみて。靴の左右は、なぜか、黙っているとみんな左右反対に並べます。おもしろいですよ。「なんでできないの！」って、しからないでください

Column*05

買い物のしかた

「お菓子買ってー！」「買わない約束でしょ!!」しまいには寝転がって泣きわめく。まわりからは冷たい視線。「買ってあげたらいいのに。かわいそうに」と心やさしい(?)おばさまの声。この場を切り抜けたい。いいかな今日くらい……。

パパ・ママを悩ます買い物。できれば連れて行きたくない。いえ、連れて行ってください。買い物は、食材の名前、商品の大切さ、買い物のルール、約束を守ることなど、多くのことを学ぶ絶好のチャンスです。

買い物に行く前には、必ず約束をします。「今日は○○を買いに行く。お菓子は買わない」。それでも現場に行けば「お菓子買ってー」と言うでしょう。でも買いません、約束だから。泣き出します。でも買いません、約束だから。寝転がります。でも買いません、約束だから。「約束だから」の一点張り。泣きも寝転がりもしばらく放置です。長く続いても、がんこにやり続ける子どもを誇りに思いましょう。迷惑になるようなら抱えて帰ります。パパ・ママはつらいでしょうが、約束は守り通してこそ約束。毅然とした態度で乗り越えましょう。がんばって!!

それから、「今日だけ特別！」と言いたい気持ちはぐっと抑えます。「今日は買ってあげるけど明日は買わないよ」といった取り引きもなし！　それでは、約束というものは、都合でどうにでも変えられるものと思ってしまい、自分勝手になってしまいます。将来、お友だちとの信頼関係がつくれなくなるより、今、パパ・ママが耐えるほうがいいのでは？

4歳

子どもの特徴と対応

●お世話焼き・お役に立ちたい

↓役割をもつことに喜びを見出します。さまざまな場面で役割を与えましょう

●自分が主役

↓役割をもつことを喜びますが、その役割は、実はみんな「主役」。主役と主役がぶつかりながら、他人を認めること、社会や集団のルールに応じて生きる自分を受け入れられるようになります。小さながまんや小さな競争で不快な思いや苦労をさせることも必要に

親の心得

●「もう4歳、でもまだ4歳」。パパ・ママはほっとする時期ですが、気をゆるめないように

Check!

「うちってプールあるよ」おとなには見えすいた「ウソ」ですが、このくらいの子たちはイメージの世界の人。「ウソでしょ！」って言わないで、「へー、そうなの」って返しましょう。

コミュニケーション

●本気で話を聞く

↓自分の頭で考えたことを話すようになります。だけど、何を言いたいのかよくわからなかったり、空想が入り交じることも。子どもの言うことだからと、話半分で流さず、本気で話を聞いてあげて。話している子どもはマジなのです

トラブルへの対応

●けんかの仲裁法

↓お互いに自分の気持ちを表現させてから「ごめんね」「いいよ」を言い合えるようにします

●反発に対しては真剣勝負

↓自分の思いを通そうとするエネルギーがピークに。家庭のルール、パパ・ママとの約束をくずさず、はぐらかさないで受け止め、いけないことはいけないと、粘り強く教えましょう

●**自分のことは自分でできてもよい時期**
↓何でも援助から、少しずつ自分でしていくようにシフトチェンジを

Check!

乗り越えようとする気持ちを励まし、支えいくことで、何事にも自分の力で挑戦し、克服しようとする意欲が育ちます。

Column*06

しかりかた

「またジュースこぼしたの！　何回やればわかるの!!　ほんとに余計なことばかりして……（くどくど)」。エキサイトするママをよそに、お子さんはすました顔か泣いているか…。

年齢を数えるときに“つ”のつく間は、しかられたことは5分後には忘れているといいます。毎回初めての気持ちでしかる。これが基本です。

しかるときは、子どもの目線までしゃがみ、いけないことだけを明確に短く言います。「お友だちを叩いてはいけません。叩かれたら痛いでしょ」。これだけ。くどくど言うと、聞いていないばかりか、パパ・ママ自身がエキサイトしていくだけ。目線は高さを合わせるだけで十分です。

同じことをしたら、毎回しかります。あるときはしかって、あるときはしからないはダメ。それから「○○ちゃんはできるのに」とほかの子と比較したり、「○○ごっこしてたの？」などと、子どもの悪い行動をあいまいにしてはいけません。

それから、おとなの都合でしからないようにしてください。ジュースは「わざと」こぼしたのですか？　わざとならしかります。でも、不注意はしかたありません。こぼしやすい場所に置いたパパ・ママもいけません。ですから、ジュースをこぼしても、わざとでないなら、しかることではないのです。「気をつけようね」。そう言ってパパ・ママは黙々と後始末です。実はしからなくてはならないことって、案外少ないのですよ。

最後に「先生にしかられるよ」は絶対ダメ。最近「嫌われたくないからしかれない」というパパ・ママがいますが、しかったからってお子さんは、パパ・ママを嫌いにはなりません。家庭のルールにそって、しかるべきときにパパ・ママがしかる。これは、子どもが「自分は世界の中心」から「自分は、他人と互いを認め合いながら、自分らしく生きていく存在なんだ」と理解する過程で、とても大切なことなのです。

もし、パパ・ママが後悔するほど強くしかってしまって心が痛んだら、お子さんに「さっきは言い過ぎちゃったね。ごめんね」と謝りましょう。

5-6歳

子どもの特徴と対応

●団体行動が盛り上がる
↓集団で何かをすること、勝ち負けに興味が出てくるので、勝負ごとはとても盛り上がります。運動会などの行事に参加して、子どもといっしょに大いに盛りあがってください

●個人差がはっきりしてくる
↓もっている能力が見えてくるころ。子ども自身も、お友だちと違う、あの子はできるのに私はできない、といったことがわかり始めます。そんなときは、いいところをたくさんみつけて、たくさんほめて自信を

親の心得

●手は離しても、心は離さない。やっぱりまだまだ振り向けばそこにいる。その距離感で

Check!

パパママ以外のおとなの励ましが子どもを盛り立てることも。同じクラスの子どもたちに声をかけてあげてください。

●あきらめない根性も折り合いの術も
あきらめない強い気持ちも、思い通りにならないこ

コミュニケーション

●親にいちばん認めてほしい
↓自分のいいところをパパ・ママが認めて、それをほめてほしい。その気持ちをしっかり受け止めて、表現してあげてください

Check!

「泣いたってしょうがない」「自分のせいでしょ」は禁句。全力を出したからこその悔し涙。自分の能力を自分で受け入れる第一歩を見守りましょう。

トラブルへの対応

●けんかの仲裁法
↓ある程度、自分たちで解決できるようになります。まわりは少しようすをみましょう。あまりにもマズイときだけ出てみましょう

●悔し涙は大きな成長
↓「かけっこで負けちゃった」と悔し涙を流し続けて大変なことも。でも、悔しさを感じられるようになるのはすごい成長です。その成長を喜んでください。悔し涙を否定しないで、悔しかった気持ちを受け止めて、次への気持ちにつなげられるようにしてあげて

つけてあげてください

●まだまだ、かかわりが必要

↓特にきょうだいのいる子は、さみしい思いをしていることも。それから、小学校入学が近づいてくると、新しい環境への期待や不安がふくらみ始めます。気持ちの変化をしっかりと読み取ってかかわっていきましょう。抱っこやおんぶといった甘えもまだまだあります。そんなときには必ず応えてあげてください

とを乗り越える術も、すべては、勝ち負けやできる・できないという体験を通して、子ども自身が学んでいくこと。その経験を与えて見守ることがパパ・ママや周囲の役割です

●手を出したくても、出せないときがすぐそこに

小学校に入れば、保育園のように親が何かと手を出せなくなります。その心の準備を

Check!

同じ学校に通うことになる子のパパ・ママ、すでに通っている子のパパ・ママと知り合って情報収集を。

●会話ができるように

↓人の話を聞き、自分の気持ちや考えを自分のことばで表現できるような積み重ねを。いつまでもパパ・ママが先走って「ああでしょ」「こうでしょ」と代弁するのはやめましょう

02 子どもの育ちのとらえかた

子どもは誕生した直後から、すくすくと育っていきます。笑った、歯がはえたと、まわりのおとなはみんな喜びます。ハイハイができるようになると「早く立て」、立てるようになると「早く歩け」、ほかの子より早く、ほかの子よりじょうずにと……。まさに「はえば立て、立てば歩めの親心」。親は子どもの育ちを願ってやまないものです。

でも、本当は、そんなに急ぐ必要はないのです。成長・発達にはその子のもっているリズムがあり、それぞれにみんな違います。おっとりしている子、勝ち気な子、もの静かな子など、性格にその子の持ち味があるように、成長・発達にもその子の持ち味があるのです。きょうだいでも、双子であっても違います。二人以上のお子さんをもつパパ・ママは「同じように育てたのに」と思うでしょうが、一人として同じ子はいないのです。だからこそ、子育ては楽しいのです。

まずは、お子さんと思いっきり遊びましょう。かけっこ、砂遊び、ボール遊び、パズル、お絵かき、ままごと……。たくさんいろいろな遊びをしてください。大事なことは、遊びながら、子どもの行動や話すことをじっくりと吟味し、今、どのくらいの成長・発達の段階にいるのかをつかむことです。そのとき、「どうしてこれができないの?」「ほかの子より早いみたい!」なんて、落ち込んだり、有頂天になったりしないこと。「比べている」ときは、わが子ではなく、ほかのだれかをみている証拠です。

成長・発達は遊びのなかで把握し、遊びのなかで次の段階へと導いていくものです。指先のこまかいことができるようになれば、自分で洋服のボタンをとめることができるようになるし、靴も自分ではけるようになります。ある程度の成長・発達のめやすを知っておくことは必要ですが、まずは、子どもの行動をよく見て、待つ。ゆっくりでいいのです。一つのことができたら、思いっきりほめてあげましょう。大好きなパパ・ママにほめてもらいたい!! その気持ちが子どもを次に向かわせます。

03

一緒に遊んで

「子どもの仕事は遊ぶこと」ともいうように、子どもの成長・発達にとって遊びはとても大切なものです。遊びのなかで知能も運動能力も表現力もコミュニケーション力も、ありとあらゆる能力が育ちます。遊びを通して、子どもたちに教えられること、伝えられることは本当にたくさんあります。

みなさん、お子さんと遊んでいますか？ どんな遊びをしていますか？ 日々の仕事や家事に追われ、子どもとゆっくり遊ぶ時間を取るのはなかなか難しいかもしれませんが、一人でDVDを観せたり、ゲームをさせたり、つい「孤独な遊び」を与えてしまいがちではないですか？

子どもが「遊びたい」と思う原動力は何だと思いますか？ 一つは「強い好奇心」。一つは「体を動かしたいという欲求」です。子どもがもつこれらの気持ちを満たして初めて「遊んだ」ことになるのです。思いっきりじゃれあったり、ふれあったりすると子どもの情緒が安定します。年齢があがるにつれてお友だちと遊ぶようになりますが、小学校にあがるまでは、やっぱりパパ・ママと遊ぶのがいちばんうれしいようです。

子どもとのかかわりは時間が長ければよいというものでもありません。短い時間でも子どもがじゅうぶんに満足する遊びかたがあります。え？　遊びかたがわからない？　そんな方はぜひ、一日保育士体験に。子どもたちはどんな遊びをしているのか、どんなことに興味があるのかよくわかります。また、66ページに「子どもと一緒に楽しめる遊び」を紹介していますので参考にしてください。

それから、「お手伝い好き」「お役に立ちたい」時期が来たら、その気持ちを利用しない手はありません。遊びの延長のような形で、日常生活で必要なことを手伝ってもらいましょう。それが、身のまわりのことができることにつながっていきます。「お手伝いなんて、ただでさえ忙しいのに逆に手がかかる……」気持ちはわかりますが、小さなことでいいのです。たとえば、おはしを食卓に並べる、洗濯物をたたむ、ぞうきんがけをする、といったことを、ぜひ、一緒にやってください。一緒にやることで身につくことがたくさんありますし、「やったことがある」という経験は必ず自信になります。

04

絵本を一緒に読むといい理由

首がすわってひざの上でお座りができるようになるころから、絵本を読んであげてください。子どもは、文字が読めなくても、お話を耳で聞いて、目で絵本を楽しんでいます。

絵本を読んでもらうことを通して、子どもは「ことばの貯金」をしています。最近の研究では、絵本の読み聞かせは「心の脳」、つまり、恐怖や驚き、喜怒哀楽といった感情にかかわる「大脳辺縁系」を活発に動かし、喜怒哀楽を豊かに表現できる子どもに育つ効果があることがわかっています。さらに、パパ・ママが心を込めて、子どもの反応を確かめながら本を読むと、読み手であるパパ・ママの子どもを観察する目が育つといいます。

年齢や発達に合った絵本を選んで、どんどん読

んであげてください。文字を理解する以前の、パパ・ママのことばの響きとともに繰り広げられる「絵が語る」ことばの世界こそが、かけがえのない子どもたちのイマジネーションの源となるのです。3歳、4歳、5歳、と年齢があがるにつれて、お話の内容や展開が理解できるようになり、絵本を純粋に楽しめるようになります。やがて文字や文章に興味がもてるようになっていき、最終的には、国語力、表現力の源になります。

パパ・ママに本を読んでもらえる時間は、子どもにとっては安心と幸せが訪《おとず》れる時間です。眠る前の読み聞かせはオススメ。絵本を選ぶコツは、何十年も読み継がれているロングセラーを中心に、パパ・ママが「あ、これ読んだことある」と思ったものを選んでください。「絵本なんか読んだっけ?」というパパ・ママは、保育士にオススメの本を聞いたり、図書館の児童書コーナーに行くといいでしょう。絵本のあらすじや子どもの反応などをコメントした絵本紹介のＷｅｂサイトもあります。

05

「気持ち」の育てかた

子どもはいろいろな気持ちを体験しながら、感情を覚えていきます。最初は「人にやさしくする」といっても、どのようなことが「やさしさ」なのかわかりません。「人を思いやる」「人を傷つける」ということも、よくわかりません。「お友だちにやさしくした／された」「いじわるした／された」といった、いろいろな場面を体験し、その経験から生まれた「うれしい」「悲しい」「くやしい」といった感情を内面的に理解することで、感情が豊かに育まれていきます。

ときどき、「うちの子がいじめられている」と心配するパパ・ママがいますが、乳幼児期の子どもに集団によるいじめのようなものはありません。むしろ、小さいうちにいじわるをしたり、されたりという体験が必要です。いじわるをしたら／されたら、お互いどんな気持ちになるのかを子どもに考えさせ、おとなはそれに対して的確な援助をしていきたいもの。それには、まわりのおとなたちが、子どもの手本となるような「人とのかかわりかた」を心がけることです。たとえば家庭では、子どもの前で人の悪口をいうことは控えたほうがよいでしょう。悪口ばかり聞いて育った子どもは、人を信頼しなくなります。パパ・ママはお互いをいたわり、尊敬し合いましょう。夫婦げんかはなるべくしないほうがいいですが、けんかしてしまったときは、仲直りの過程まで子どもにみせてください。人にはよいとき／よくないときがあること、状況に応じた対応のしかたを教えることも必要です。「けんかをしたら、こうやって仲直りするんだ」と子どもながらにその方法を学びます。

06

パパ・ママがんばって

子どもたちは保育園で多くのことを学びますが、一方で、これは家庭でしか教えられないと、私たち保育士がつくづく感じる学びもあります。たとえば「その瞬間に、少しの試練を与える」こと。子どもが負の感情をもったまさにそのときに、耐える気持ちを育てる、ということです。

保育園は集団生活ですから、多少なりとも、子どもはがまんや妥協を学びます。しかし、みんなが一緒に同じことをするので、一人ではできないようなことも流れのなかでできてしまうところがあります。その子なりの苦労やその子なりに抱く不快感などの湧き起こる負の感情を、自分で受け止めて乗り越えて行くという学びは、保育園にかぎらず、集団保育の場では重ねにくいのです。これを教えられるのはやっぱりパパ・ママ。思いどおりにならないことに泣いたり怒ったりを重ねながら、子どもは感情のコントロールを覚えていきます。

家庭では、子どもが守れそうな「小さなルール」をつくり、がまんしたり待ったりする機会を与えてみてください。「お菓子は家に帰ってから食べる」「テレビはご飯がすんでから」など、子どもの年齢に応じて挑戦を。また、遊びのなかでも教えられます。ときには本気《マジ》で勝負を。いつも子どもに勝たせては、負けることに対応できずパニックを起こしたり、自信をなくしたり、ものごとに積極的にかかわれない原因になることも。勝つ喜びも負ける悔しさも経験させ、どうすればよいのかを子どもと一緒に考えてください。がまんの末の喜び、達成感、満足感もまた、子どもを育てます。

07 パパの役割

児童精神科医の佐々木正美さんは、その著書『完・子どもへのまなざし』のなかで、母親が子育てに喜びや生きがいといった肯定的な感情をもつ大きな要素は、ママが夫婦のコミュニケーションを通して、妻として、夫に対して満足していることだ、と述べています。忙しくて、育児になかなか直接手を貸せなかったとしても、「ありがとう」などのことばかけやちょっとした心配りによって、夫の存在感、パパの存在感がしっかりあると、その穴は埋められるということです。

でも、ママが満足することばかけや心配りって？　悩むパパは多いでしょう。ママがうれしいと思うのは、子どもや子育てについて、同じ経験をした者同士だからこそできる会話をしたり、感情を分かち合えたりできること。だから、おむつを替える、お風呂に入れる、子どもと遊ぶなど、できるときにはやって、子どもとかかわって、子どもの話を夫婦でたくさんしてください。特に、0歳児と真っ正面から向き合って、睡眠不足にも負けずにがんばるママには「がんばっているね。ありがとう」といってあげてください。ママのほうも「手伝ってくれてありがとう」の一言を口にできれば、お互いが気持ちよくいられますね。くれぐれも「ことばでいわなくても、あいつはわかっているさ」なんて勝手に思い込まないでくださいね、パパ！

Column

親子で楽しめる遊びの例

0歳6か月〜

ひこうきブーン、タカイタカイ、
あんよは一緒

1歳〜2歳

一緒にブランコ、バスタオルゆらゆら、
ぐるりんぱ（1歳6か月〜）

3歳〜5歳

ケンケンパ、かるた、トランプ、じゃんけん、キャッチボール、なわとび

あら おもちゃ 出しっぱなし！ 遊んで ないなら 片づけなさい
えー だって ひなちゃん今 絵本よんでるのー
ゴチャ
だったら ママも一緒に 片づけるから 先に 片づけようね
は～い…
ママ あっちも
あっ
こっちも
……って あなたも 片づけ なさい!!
ピッ
あっここ…
パッ
パッ
……
だって ひなちゃん お片づけ すると つかれちゃう もん
げんなり
どこの 姫だ あなたは……
はぁ…
ふー

第3章

子どもと向き合う

01

「慣れる」だけではない慣らし保育

保育園に入園してしばらくは、多くの場合「慣らし保育」という時期を過ごします。安心して登園できるようになるまで、最初はパパ・ママと一緒に過ごしたり、保育時間を徐々に延ばしながら、保育園での生活に慣れさせていくのです。

初めて遭遇したパパやママ以外のおとなに、子どもがすぐになつくことは、まったくといっていいほどありません。保育士は、子どもから信頼してもらえるように、できるだけゆっくりと時間をかけて辛抱強くかかわります。それは、たやすいことではありません。

そんな子どもに信頼してもらえるもっとも近道の方法、わかりますか?

それは、その子にとっていちばん信頼できる「おとな」に信頼してもらうことなんです。

では、その「おとな」とはいったいだれでしょうか?

子どもにとっての「いちばんのおとな」はパパ・ママ(多くの場合はママ)です。生まれたときから毎日毎日くっついて、一緒にいて、まるで二人で一人の人間のように一体になった相手こそが、子どもにとっては「いちばんのおとな」です。子どもは、「いちばんのおとな」が安心して話す姿や表情、声のトーンをよーく知っています。そして、そのおとながかかわっている「相手」のことも実によく見ています。これを「社会的参照」といいますが、大好きなおとなの表情や行動から、ことばはなくとも、自分が安全で、安心していられるのかどうか、この相手を信頼していいのかどうかを読み取っているようです。まさに「空気を読ん」でいます。大好きな人・安心できる人が信頼している相手を、赤ちゃんは好きになります。だから、慣らし保育のとき、保育士は、パパ・ママと仲良くしているようすを、子どもにできるだけたくさん見せるようにするのです。

子どもにとっての「いちばんのおとな」であるパパ・ママとつくる関係は、子どもが一生もって歩く宝物となります。乳幼児期に親子でつくる宝物の大切さについて、これから、みなさんに知ってほしいと思います。

02

くっついていたい

子どもは、生まれた直後から、「おなかすいた！」「おしりがきもちわるい！」「こっちみて！」「かまって！」「抱っこして！」と猛アピールです。泣いたり、微笑《ほほ》んだり、声を出したり、じーっとみつめたり、しがみついたりと、いろいろな方法でまわりの人にはたらきかけています。

はたらきかけを重ねるうち、子どもは、気づきます。生まれてからずーっと、自分の出す数々のはたらきかけをがっちり受け止めて、抱っこしたり、みつめてくれたり、ことばをかけてくれたりして、安心させてくれる人が何人かいることに。なかでも「特別な人」（多くの場合はママ）には集中してはたらきかけて、受け止めてもらうことを望むようになります。3〜6か月ころには視力や聴力も発達してくるので、「この特別な人は『ママ』なんだ」と子どもは完全に理解するようになります。

そうなると、子どもは「ママ命」です。ママが見えなくなるとすぐ泣きます。ママが対応すると泣き止みますが、ママが対応してくれなければ、来てくれるまで、泣き疲れて眠ってしまうまで本当に必死で泣きます。ハイハイしたり、歩いたりできるようになれば、後を追ったり、もどってきたママに抱きついたり。「ママとくっついていたい」。ただそれだけです。そこには「ママ＝つねに自分を守ってくれる」「ママ＝自分をまるごと受け入れてくれる」という絶対的な安心感と信頼感があります。この安心感と信頼感にもとづいた親子の結びつきを「愛着」といいます。

愛着は、ママとしか結べないものではありません。ですが、それまでのかかわり、子どもの視覚や聴覚の発達、また「好み」もあらわれはじめる生後6か月ころに、「くっつきたい最盛期」がやってくるので、多くの場合、一緒にいることの多い「ママ命」になってしまいます。でも、パパが積極的に育児にかかわる家庭なら「パパ命」になることもあります。パパ・ママ両方と愛着を結ぶ子だっています。おじいちゃんやおばあちゃんと結ぶことだってあります。しかし、どういう場合であっても「子どもとどれだけ親密にかかわっているか」がポイント。かかわらなければ、子どもは「命」候補にすらしてくれません（そういうことなのですよ、パパのみなさん）。

そして、子どもは愛着を基本に、パパ、きょうだい、おじいちゃん、おばあちゃん、お友だちと、人間関係の結びかたを少しずつ学びながら、人のなかへと、歩いていくのです。

03

生きる力の源＝「自信」

親子のやりとりの一つひとつは、本当に小さなものですが、それが積みあがることで、子どもは自分に「自信」をもつことができるようになります。この自信は「料理には自信がある」とか「自信満々」といった自分の能力を信じる「自信」とは違います。それをもつよりももっと前の「自分は存在に値する存在である」「人から受け入れてもらえる存在である」「大切な存在である」という確信＝自己肯定感です。子どもが、親子以外の人間関係のなかに歩き出すときにとても大切なものです。

自分は愛され、助けてもらえる存在なのかどうか
この人は、自分の求めに応じてくれるのか

子どもは無意識にこのことを心のなかで問い、相手との関係をつくろうとします。
親から愛情を受け、ありのままの自分を受け入れてもらえた子どもには、人とかかわろうとする意

欲も、拒絶に耐える気持ちも湧いてきます。愛着を基本に、人との関係のつくりかたをしっかり学べてきているから、困難（子ども自身は困難とは思っていないけれど）を乗り越え、さらに自信を深め、その子はその子自身の力で、世界をどんどん広げていくことができるのです。

この自信を育てるのは、ぎゅっと抱きしめて「〇〇ちゃんは、かわいいね」「〇〇ちゃんは、とても大切な存在なんだよ」と話してあげること。「ことばかけをしながらのスキンシップ」が子育ての基本です。パパ・ママのスキンシップをしながらのことばかけで、子どもは心から安心し、一心にパパ・ママを求めるようになります。同時に、「自分はこれでいいんだ」という自信、すなわち「自己肯定感」が確立されます。

04

一生ものの安心感

ハイハイしたり歩いたり、移動ができるようになった子どもは、自分の気持ちの赴《おもむ》くまま、ほんの少しだけだけパパ・ママと離れて、おもちゃや興味のあるもので遊ぶようになります。でも、このころの親子は「目に見えない糸」で結ばれています。

……「ピン！」と糸がはったのを感じ、振り向くとパパ・ママが自分から離れようとしている。（あー、行っちゃやだー）必死でパパ・ママの後を追い、抱きつきます。でも、おもしろそうなもので遊びたい……。でも、パパ・ママと離れるのは恐い……。

最初、糸の長さはすごく短くて、ほんの少し離れるだけで「ピン！」と糸が張って、子どもは大慌《おおあわ》て。無理もありません。まだ記憶力や想像力などが未発達なので、いろいろな事情を推察したり、ちょっと離れても自分のところにもどってくるということを理解することができないのですから。

子どもが外の世界へ踏み出そうとするとき、子どもは「安全基地」を必要とします。探索活動の拠点にしたり、こまったときや窮地《きゅうち》に追い込まれたときに確実に逃げ込める「避難場所」です。子どもにとって最高の「安全基地」はもちろん親。愛着という絶対的な安心感と信頼感で結ばれた関係が、子どもの独《ひと》り立ちを支えます。

愛着は「体がくっついている」だけではなく、「心がくっついている」ということも含まれます。子どもは成長するにしたがって、パパ・ママと離れてはいるけれど、何かあったときには必ずかけつけて守ってくれるという確信を、たえず心に抱いていられるようになります。

おとなも、だれも意識はしていませんが、さまざまな困難にぶち当たったとき、幼いころに築いた愛着という安心感によって支えられ、乗り越えています。人生の何物にも代えがたい貴重な支えである愛着を子どもの心に育んであげること。独り立ちのスタートにむけて、親の、唯一無二《ゆいいつむに》とも言える務めとして、一生分の信頼感と安心感を贈ってあげましょう。

05

「愛されている」という実感を育むには

愛着は、子どもの欲求をじゅうぶんに受け入れ、子どもの心を満たした結果として生まれてくるものです。そのとき子どもの心には「愛されている」という実感が育っています。欲求が受け入れられたときの子どもは、幸せいっぱいです。

でも、何でも欲求を受け入れたら、それって「甘やかし」ではないの?

そう、子どもが成長するほどいろんな「甘え」が増えてきます。子どもにとってはどれも同じ「欲求」なんですが、おとなからみると、受け入れると「甘やかし」になってしまうような欲求もそろりと入り込んできます。バリエーションは実に豊富。「転んじゃったよー。抱っこしてー」と泣いて抱っこをせがむのはわかりやすく受け入れやすい「甘え」ですが、「お菓子買ってぇ」「今日は保育園に行きたくないよぉ」はちょっと受け入れがたい「甘え」です。では、「甘え」に、親やおとなはどう応えればよいのでしょうか。

子どもの心を「コップ」にたとえてみましょう。コップの素材や容量は子どもによって違いますが、どの子のコップも、甘えが受け入れられたときには「幸せ」という水がたまっていきます。「もう歩けないー。抱っこしてー」と子どもが泣いたとき、「がんばったねー」といって抱っこしてあげれば、子どものコップに水がたまります。「お菓子買ってー」とねだるとき、「買わないっておお約束でしょ。

だから、だめ」といって欲求を受け入れなかったらコップに水はたまりません。でも、受け入れられないことに耐えることで、コップの素材は強くなる。がまんの心が育つでしょう。

子どもの「甘え」を受け入れるか、受け入れないか、親にいつもつきまとう悩みです。「甘え?」「甘やかし?」「ああすればよかった?」「こうすればよかった?」と無数の解答例が頭のなかで渦を巻き、しかも、正解はわからない。葛藤はたびたび繰り返されます。

でも、その葛藤だけが唯一の解決方法なのです。子どもが「甘え」のなかで望んでいたことが何だったのかをあれこれ想像する。子どもの心に寄りそっている証拠です。子どもの心に寄り添いながら、ていねいに応じていけば、子どもへのダメージは案外に少ないものです。そのうちに親子の

「問合《まあ》い」ができあがり、甘えるほうも、甘えられるほうも、「ここぞ」というときのアピール方法や受け入れかた、かわしかたもわかるようになってきます。

問題なのは、子どもの「甘え」(子どもにとっては大事な欲求です)をいつも無視したり、親の都合だけで選り好みしたりして、子どもの期待を幾度となく裏切ってしまったときです。子どもが「甘え」に込めた望みをまったく叶えてもらえない、親の気が向いたときだけ「甘えさせられる」。こうしたことが何度も続くと、やがてコップは欠け、穴が開き、そこから水がいつもぽたぽたと漏れ出します。思春期になってある日突然、「親は自分のことを見てくれない。親は自分のことが嫌いだから」とい い出したり問題行動を起こす。親は「嫌いなわけがない。どれだけ愛情を注いできたか」と訴える。でも、そのとき初めて気づくのです。「親が注いだ愛情は、子どもの望むものではなかった」と。

「一人のおとな」になる準備を始めてしまう思春期の子どもが、もはや素直に甘えることはありません。自分の心のすべてを親に見せることもありません。心のコップをつくり直すことも、修理することも相当に難しい。だから、心の赴くままに欲求を欲求として素直に訴え、甘えられた喜びを全身であらわす乳幼児期のうちに、しっかりと甘えを受け止めてあげたいのです。

子どもたちが存分に甘えられるように、パパ・ママも心おきなく甘えを受け入れられるように、一つお教えしましょう。子どもが「抱っこして」「手つないで」と甘えてきたら、どんなときでも、その瞬間に必ず受け止めてあげてください。これこそが、親子のかかわりの本質です。

06

わが子は何を求めているのだろう

子どもは保育園が大好きです。お友だちが大好きです。先生が大好きです。しかし、どんなに長い時間、私たち保育士が子どもにかかわっても、パパ・ママの代わりにはなれません。朝早く登園し、夜遅くまでけなげにお迎えを待っている子どもたちの姿を見ていると、笑顔の奥に隠された「さみしさ」をときおり感じ、切ない気持ちにかられることがあります。

パパ・ママにここだけはしっかりかかわってほしいと思うこと。それは、子どもが病気になったときです。病気のときはだれでも不安になります。子どもなら、なおさらです。子どものころ、病気で看病してもらったときのことを覚えている人は、結構多いのではないでしょうか。

＊「咳がひどくて眠れなかったとき、夜中ずーっと背中をさすってくれた」
＊「食べても吐いてしまうのに、何度もつくってくれた野菜スープの味は忘れない」
＊「真冬に熱を出したとき、『スイカが食べたい』といったら、店という店を探して『スイカの缶詰』を買ってきてくれたけど、食べたらまずかった」

つらいときや不安なとき、やさしくされたことはいつまでも心に残ります。もらった愛情は心にしっかり記憶され、自分は愛されているという安心感が根づきます。

子どもが何を求めているのかをみきわめて「心を育てる」のはパパ・ママの役割です。子どもの心は、「きっと、パパ・ママは自分を見ていてくれる」「苦しくなったら助けてくれる」という安心感があってこそ育つもの。「いつも」「すぐに」という期待に添うことは実際には難しいことですが、病気のときは、助けてほしい思いでいっぱいのときですから、できるかぎり、そばにいてあげてください。

それから、何かの折りに、お子さんの小さかったころの話をしてあげてください。「自分の過去のことを知っている＝自分を見てくれている」という証拠ですから、子どもはとても幸せそうに話を聞きます。ときどきちょっと恥ずかしくなって、「そういうことはいわなくていいの！」なんて話を遮ろうとしますが、親子の距離がぐんと縮まり、密着度が増します。お試しあれ。

07

凛《りん》とした子どもに

心のコップがほぼ完成し水も満たされると、子どもは自然に、パパ・ママと一緒にいることよりも、学校や習いごとでつながりのあるお友だちや先生との関係を大切にしようという気持ちが芽ばえ、外の世界に向かって自分の力で歩き出そうとし始めます。

それは「愛されている」安心感が子どものなかにじゅうぶん育まれたときです。水はときどき減ったりしますが、心のコップがしっかりとつくられたなら、ある程度は自分で水を増やす力もついています。そのときの子どもは子どもなりにきっと、少しきりりと引き締まった顔をしていることでしょう。

それでもときどき、水が想像以上に減ったりして、不安になって甘えてくることがあります。昔見た赤ちゃんのころの顔に戻っているかもしれません。甘えはいつ、どこで、どんなときに出てくるかはわかりませんが、甘えてきたら、どうか黙《だま》って、そのまま甘えを受け入れてあげてください。そして「○○ちゃんにはパパ・ママがついてるからだいじょうぶ」と励ましてあげましょう。

いずれの日にか、子どもはおとなになって、子どもは親離れ、親は子離れして、互いに一人の人間として社会で生きていくときがきます。親としては本当にさみしいものですが、そのときは、親も凜としたいものです。

ずいぶんお腹大きくなったねー
みっちゃんももうすぐお姉ちゃんだね
こんにちはー
うん
ねぇみっちゃんのママお腹に赤ちゃん入ってるんでしょ?
そうだよー
あっくんだってママのお腹に入ってたんだから
ふふふ♡
うそっ!!
ガビーン
なんでママあっくん食べちゃったの!?
ゲフッ
喰った喰った
なぜそうなる!?

第4章

親が親として
育つとき

01

子どもとともに育つ

生まれた喜びとともに訪れる不安……。ふにゃふにゃして、首もがくがく、もろくこわれそうな赤ちゃんをどうやって育てていけばいいの⁉　どのパパ・ママも一度は不安に感じたことでしょう。

突然ですが、「親」になるトレーニングって受けたことがありますか？

親になるこの日まで、「親」というものがどういうものか、一体、親とは何をしなくてはならない存在なのかなんてこと、教えてもらったことあったでしょうか？

日本にも、一つ屋根の下で、おじいちゃん・おばあちゃん・親・子ども、ときには親戚のおじさん・おばさんまでもが一緒に暮らす時代がありました。子どもの数だって一人や二人ではありません。大人数の大家族。隣近所も大家族。そのうえご近所同士、互いの家のことをよく知っていましたし、助け合ってきました。隣の家で赤ちゃんが生まれるとなれば手伝いに行く。子守りをする。年齢の高い子は小さい子たちの面倒を見ながら一緒に遊ぶ。今では考えられない光景ですが、そのなかで、親とはこういうもの、子どもとはこういうものという知識や感覚、子育ての知恵が親から子へ、子から孫へと自然に伝わっていました。

でも、パパ・ママが生まれ育った家族は多くが核家族。きょうだいも少なければ、近所で子どもに出会うことも少ない時代です。隣近所との交流もほとんどなかったかもしれません。そういうなかで育ったパパ・ママにとって、子どもとの出会いはまさに「未知との遭遇」。不安を感じないはずはありません。子どもが生まれたその瞬間から、完璧な親になんて、なれるはずもありません。

人を「親」に育ててあげてくれるのは「わが子」しかいません。子どもの成長とともに親も「親」になっていく。これは、今も昔も変わりません。パパ・ママなりのやりかたで、子どもと一緒に親も、育っていけばいいのです。でも、ぽっかり口を開けた不安の穴に落ち込みそうになったら、いつでも保育園にどうぞ。保育園には、親が「親」に育っていく過程をお手伝いする役割もあります。保育士とたくさんの子どもたち、同年代の子どもを育てるパパ・ママが、パパ・ママの強い味方です。

02

親が親らしくなるために

「子育ては楽しく」とよくいわれますが、裏を返せば、子育てには楽しくなれないこともある、ということ。楽しいだけなら、あえて「楽しく」なんていう必要ありません。

おめでたを告げられ、10か月間いろいろな思いを描きながら出産を迎える。うれしさいっぱい、かわいさいっぱい……のはずなのに、生まれてきたらそれだけではすまない！　それが子育て。お腹いっぱいでも泣き、おむつを替えたのに泣き、抱いてもあやしても泣き止まない。なんで？　どうして？　わけもわからず右往左往。「親は、子どもの泣き声を聞き分けられるもの」って言うけど、まったくわからない。親として失格？　もしかして病気？　どうしよう……。

何が何だかわからず、ともかく不安。それは、子どもを大切に思うからこそ湧いてくる気持ちです。「なんで楽しくないの……」なんて思わなくていいんです。不安な自分をしっかり認めましょう。そして、一生懸命に世話をする。するとだんだん、訴えていることがわかるようになってきます。最初から、泣き声を聞いただけで子どもの気持ちがわかるなんて親、どこを探したっていません。

「親ならこれができるはず」なんて考えないで、とにかく、子どもにかかわることです。ああでもない、こうでもないと試行錯誤しながらかかわっていると、子どもが、パパ・ママの子どもとしてのかかわりのなかで、ああすると思いが伝わる、こうすると期待しない反応が返ってくる、と感覚的に「ストライクゾーン」を教えてくれます。子どもだって、ただ泣いているわけではありません。数々に試していますо。子どものメッセージと親の対応の呼吸がぴたりと合いはじめる。そこには「親子」の絶妙な間合いができあがっています。そんなとき少しだけ、「親」になれたのかな……としみじみ感じられることでしょう。

03
子育ての覚悟

子育てを「戦争」、子どもを「○○ザウルス」と表現するのはまったくその通り。子育ては格闘です。

0歳児の子育ては、子育ての全期間を通してもいちばん体力的にきつい、それはそれはたいへんな時期。昼も夜もなく、疲れていても眠たくても、子どもは待ってはくれません。泣く子を前に一緒に泣いてしまったママの話もよく聞きます。1歳になって、歩けるようになったり、離乳も終われば少し息もつけますが、今度は手強い「自我の芽ばえ」。「イヤイヤ」が始まり、なんでも「じぶんで！」と意志表示する子ども。ゆったりとかかわってあげたいけれど、忙しいからそうもいかない。「もう、早くして！」。ぶつけることのできないイライラと罪悪感……。時間がもっとほしい！　子どもに当たったり、泣いてしまったりすることもあるかもしれません。

子どもの成長は1日24時間・1年365日待ったなし。パパ・ママは何かあるたびに一喜一憂。いつも親の手を必要とするのはほんの数年とはいえ、パパ・ママの気持ちが落ちつくときはありません。「ゆっくりテレビが観たい」とか「ああ、一人になりたい」とか思うときもあるでしょう。

でもそこで、子どもの気持ちを無視して、親の都合だけを優先させ続ければ、子どもの心は育つことを止めてしまいます。毎日毎日何時間もテレビやDVDを観せっぱなし、携帯電話をいじりながら、雑誌をめくりながら子どもと会話……。その間、子どもの顔を真っ正面から見ているでしょうか？　もしパパ・ママが、あなたのする話を、あなたの顔も見ずにそっぽをむいて聞き流されたら「ちゃんと聞いてるのか!!」と怒りませんか？　それと同じです。子どもの心には「怒り」がふつふつと湧いています。

子どもとのかかわり、それだけが、子を育て、親を育てます。だから、厳しいことをいうようですが、親には、自分のことよりも子どもを最優先にする覚悟が必要です。でもそれは、長い人生のほんの数年。逆に言えば、そんなにも一生懸命になれる時間は、どんなに望んでも取り戻せないのです。

それでも、親だって人間ですから、疲れたり、息を抜きたくなったり、イライラしたり、泣いたりしたくなるでしょう。子どもはそんな親のようすを見ています。小さくても、そばでじっと見ています。そして「心配」の気持ちを感じ取ります。そんなときは「ちょっと疲れちゃった」「こまったねぇ」といって、そしてギューッと抱きしめてください。素直な気持ちを出していいと思います。子どもの思い、親の思いを伝え合い、悩みながら子育てをしていくなかで、子どもも大きくなり、親も親らしくなっていきます。

04

一人で子育てはできません

外国には「子どもを一人育てるには村中すべてのおとなの手が必要」ということわざがあります。「子どもの面倒をみるためにはたくさんの人手が必要だ」という意味とともに、「たくさんの人とのかかわりのなかで育つことの大切さ」も示唆しているのではないかと思います。

子育ては一人ではできません。一人でするものでもありません。

よく「子ども一人見るのもたいへんなのに、保育士さんはよくこんなに何人もの子どもたちを見られますね。すごいですね」なんてことばをかけてくれる方がいますが、けっして、すごいことではありません。だって、保育園には、子どもたちも何人もいますが、保育士だって何人もいますから。保育園では、保育士は一人ぼっちではないんです。そう考えると、家庭で日中の大部分を子どもと一対一で過ごす専業主婦のママ、あるいは、仕事で疲れた体を休ませることもなく子どもの世話をするシングルマザーやシングルファーザーは、それこそ、すごいのです。

子育てに悩んだとき、不安でどうにかなりそうになったとき、それを一人で解決しようと思ったり、育児書やネットの情報など「自分たち親子」のためには書かれていないものに頼ると、解決しないばかりか、どんどん深みにはまってしまいます。問題を解決できる人は、地域の施設やサービスを利用したり、友人や保育園・幼稚園に相談するなど、まわりに助けを求めて問題を乗り越えていきます。そうすると一人の子どものまわりには、自然にいくえものサポートの円（縁）ができていくはずです。何か問題にぶつかったときは、一人で抱え込まずにまわりに助けを求める。問題を一つまた一つとクリアしていくことで、親としての自覚、自信が育っていくことでしょう。

子育てにかぎらず、人間は一人では生きていけません。人と人が支え合っていくことの大切さを子育てを通して学んでいってほしいと思いますし、そうして広がった「円」のなかで育った子どもは、人と人との関係のすばらしさを学んでいきます。

ひなは ウサちゃん 大好き だねー
うん でもママも パパも 好きよ
じゃあ 誰が 一番好き?
ママ
次は パパ?
ヒミツ!
えー 教えてよ~
も~ 照れ屋さん!
ヒミツなの!! だって…
そこでやめておけば いいものを…
ガーン
パパ 悲しく なっちゃう でしょ!!
パパ撃沈

第5章

保育園というところ、保育士という仕事

01 保育園の役割と保育士の役割

「保育所保育指針」をご存じですか？

「保育所保育指針」は、全国の認可保育所が守らなくてはならない保育の基本原則です。厚生労働省が児童福祉法にもとづいて定めています。保育所の役割や社会的責任、保育の方法や内容、健康や安全への配慮、保育士の資質向上など、さまざまなことが記されています。乳幼児の発達の特性や教育について書かれた部分などは、パパ・ママが読んでも参考になるかもしれません（「保育所保育指針」を読んでみたい方は、厚生労働省ホームページ http://www.mhlw.go.jp/bunya/kodomo/hoiku04/pdf/hoiku04a.pdf で閲覧できます）。

保育園は、「保育に欠ける子どもの保育をおこない、その健全な心身の発達をはかることを目的とする児童福祉施設」です。福祉には「幸福」という意味（「福」も「祉」も「幸せ」という意味）があるように、保育園は、子どもの最善の利益を考慮し、子どもの幸せを第一に考える施設。そこで働く保育士は、子どもの大切な命を守り、子ども一人ひとりと向き合い、かわいがって、かかわって発達を支えます。国家資格である保育士は全員、保育士を養成する学校や施設で一定の科目を修得し卒業するか、保育士試験に合格しています。そう、保育士は、保育に関する専門性を有した、まさにプロフェッショナル。その専門性をいかして、子どもを保育するとともに、子どもの保護者に対して保育に関する指導をおこなうことも保育士の役割の一つとされています。

02 保育園は、子育てを応援します

「保護者に対する保育に関する指導」!? 「指導」だなんて、なんだかおこがましいですが、要は、パパ・ママとお子さんの関係を取りもつ手助けをし、子育てを応援するということ。子どもの成長の喜びを一緒に分かち合ったり、子育ての悩みを聞いたり助言したりしながら、親子がしっかりと愛情で結ばれるように導いていく、ということです（もちろん、保育を通して、あるいは相談などのなかで得た個人や家庭の情報の扱いやプライバシーへの配慮、秘密の保持には最大限留意しています）。

子育ての悩みはつきません。一人で悩んでイライラがつのる、ささいなことでカーッ！となる、頭ごなしにしかって泣かせてしまう、あとで自己嫌悪におちいってかわいい寝顔を見ながら自分を責める……。だれにでもある経験です。疲れ切った表情で「仕事は忙しいし、子どもはいうこと聞かないし、もうたいへんです」と語るママや「先生、うちの子こんなんでいいのでしょうか？」とため息まじりで話すパパを見ると、なんとかしてあげたいと思うのが「保育士心」。子どもたちの大好きなパパ・ママには、子どもたちのために、できるだけ笑顔でいてほしいから……。

だから、保育園は、子育てや毎日の生活にちょっと疲れたパパ・ママたちを理解し、応援していき

たいと思っています。子どもも十人十色なら、子育ても、悩みも十人十色です。悩みを一人で抱え込んで、育児書だけに頼ったり、インターネットや口コミなどの氾濫《はんらん》する情報に惑《まど》わされると、混乱し、育児不安におちいってしまうことがあります。子育てはけっして一人ではできません。ちょっとでも心配なことや不安なことがあったら、どうぞ保育士に相談をしてください。パパ・ママが肩の力を抜いて子育てができるよう、保育園は応援します。

そして、保育園にはもっと力強い応援団がいます。同じクラスのパパ・ママです。行事への参加などを通して、ママ友やパパ友をたくさんつくってください。

03

保育園はあえて「面倒くさいこと」をやります

＊「荷物を入れる袋、手づくりじゃないとだめなの？　面倒くさい」

＊「相撲大会？　せっかくの休みなのに、面倒くさい」……。

保育園は、パパ・ママが「面倒くさい」と思うことを、あえてやります。

＊「先生方だって、行事の準備、たいへんでしょ？」

＊「運動会くらいでいいんじゃないの？」

だいじょうぶです。みんなやる気満々です。けっして、パパ・ママをいじめているわけではありません。「面倒くさい」と思うことをパパ・ママにやっていただく。それが、子どもたちに必要なことだからです。

荷物を入れる袋づくりやお弁当づくり。ただでさえ忙しいのに、たしかに面倒です。でも、これが「パパ・ママは、わたし／ぼくのことがだいすきなんだ」という自己肯定感を形成し、子どもの心を支えています。特に0～2歳の子どもたちにとってはとても大きな存在です。子どもたちは、さみしくなるとかばんのそばにいたり、お迎えがくるまでかばんをずっと引きずって歩いていたりします。パパ・ママがつくってくれたかばんが今、

自分のそばにある。かばんはパパ・ママの代わり。パパ・ママと自分をつなぐものです。子どもにとって、まさに支えとなっています。

保育園が、たくさんの行事を用意してパパ・ママを保育園に呼ぶ理由。それは、一日保育士体験もそうですが、話だけでは伝わらないことを、実際にその場で見て知ってほしい、保育園というところをいろいろな角度から見て知って、保育園がやろうとしていることを理解してほしい、と思うからです。そして、お子さんががんばる姿を、できればパパ・ママが一緒に見てほしい。家庭で〝子どものこと〟が話題になる機会が増えると、子どもの育ちを一緒にみつめようとする気持ちがめばえてきます。

面倒くさいと思うことを、手と体と気持ちと時間を使ってやる。現代は、お金でほとんどのことが解決できますが、昔やっていた、お弁当づくりや袋づくりの大切さを見直し、過去のよいものを取り戻しながら親子をつなぐ活動をしたい、そう思っています。

04 保育園には、親子の絆を強くする役割がある

どうしたら、子どもは幸せになるの?
どうしたら、親も幸せになれるの?

数多くの親子を見続けている保育園だからこそ、胸が痛むときがあります。

おとなの気を引こうといろいろなことをする子どものさびしそうな瞳を見て、「この子のパパとママはあなたたちしかいないんですよ！」と親に向かって叫びたいときもあります。仕事に家事に追われ、子育てに悩み苦しむパパ・ママを見て、「だいじょうぶ、心配しないで。お子さんはちゃんと育っていますよ」と励ましたいときもあります。

子どもたちに「愛されている実感」を育んであげたい。

そのために、親が安心して子どもに向き合える場所をつくりたい。

親子両方にかかわれる保育園だからこそ、できることがあると思うのです。保育園は、ただ子どもを預かるだけの場所ではありません。親子の絆をより強くつなぐ場所として、重要な役割を担っているのです。

毎日の生活は、どうしてもおとなの都合優先になりがち。それが続いてしまっては、子どもたちに「愛されている実感」が育ちにくくなってしまう。一日保育士体験を通して、行事を通して、親子の絆を強くしてもらいたい。子どもを真ん中においた絆をつくってほしいと願いながら、私たちは日々の保育をしています。

Column

がんばろう！　保育士！

「保育士の仕事をしていて、いちばんうれしかったことは何ですか？」と聞かれたら、私たち保育士は何と答えるでしょうか。

＊　子どもたちの笑顔
＊　子どもたちの日々の成長
＊　子どもたちが何かをやり遂げた瞬間

きっとたくさんあるでしょう。
「保育」という仕事は、ただ子どもを預かって見ていればいい、というものではありません。子ども一人ひとりと正面から向き合い、その子なりの成長を見守り、支えていく。それは、子どもの育ちにとって大切な、大きな責任のある仕事。それが保育士の仕事です。

残念なことですが、保育士の仕事は「5K」（きつい・きたない・くさい・給料が安い・休日がない）と言われてしまうことがあります。現場はつねに人材不足。若い人の離職率が高く、給与もけっして高くない。忙しさゆえに日々の勉強もできなかったり、休憩時間もじゅうぶんに取れなかったり、精神的に疲れてしまったり……。

でも、そんな保育士を支えてくれるのは、やはり子どもたちです。

初めて子どもを預かったあの日。初めて「てんて〜（先生）」と子どもが呼んでくれたときの感動。忘れられません。何か発見があるたびに、うれしいこと、こまったことがあるたびに、一目散《いちもくさん》に走って来てくれる子どもたち。へこんだり泣いたりしても、私たちの励ましに応えようと困難に立ち向かっていく子どもたち。お遊戯会や発表会の練習がうまくいかず、子ども以上に泣きそうになったこともあります。本番の舞台で堂々とした子どもたちの姿に、感動して涙があふれてきたのは、親だけではないと思います。

私たち保育士にとって、一人ひとりの子どもの成長にかかわるなかで得られる、子どもたちとの豊かな共感体験は喜びであり、やりがいです。これこそが日々の保育への意欲となり、厳しいことも乗り越えて保育を続けていく原動力となるものです。このやりがいをみつけた保育士こそ、ますます子どもとのかかわりに自信をもって楽しく臨めることでしょう。

保育園の主役は子どもたち。その一人ひとりを支えるのは、私たち保育士です。

そして、子どもたちがいちばん求めているのは親の愛情にほかなりません。そのことをパパ・ママに伝え、親子の絆を深めるお手伝いができるのも保育士ならではの仕事です。

お弁当の日
ズ〜ン
あっくん空っぽのお弁当箱先生に見せてネ!!
ガンバレ!!
…って言ってた
あれーあっくんカボチャ嫌い?
ひょい
うん…だからこまってんの…
あっボクいいこと思いついたよー!!
紙のお皿で隠しちゃえばいいんだよー!!
スゴいー!!!
ふーん
何を隠すって?
ドッキーン

第6章

親心を育む

01

一日保育士体験と親心

1 育ちにくい親心

＊「しつけがうまくできないから、保育園でしてほしい」

＊「子どもに嫌われたくないから、代わりにしかってください」

＊「おむつはいつ取れるのですか？　早く取ってくださいね」

＊「朝食は、親が食べないから、子どもも食べません」

＊「家ではずっとテレビを観ています。6時間くらいかな？」

＊「『飲みたい』というから、乳酸菌飲料を一度に10本飲ませたら下痢しました」

今、保育園ではこんな「えっ⁉」と耳を疑うような話をたくさん聞きます。「親がやって当然」と思われていたこと、「子育ての常識」と思っていたことが通じないし、伝わらない。でも、これらはまだいいほうかもしれません。

私たちが一日保育士体験に取り組みはじめた理由。それは、今、「親心」を育まなければ、「親心」を耕《たがや》さなければ、親子の将来が本当にたいへんなことになるという保育士の危機感です。

「親心」とは「子を愛する親の心」。子どもが生まれれば自然に湧き、子どもの成長・発達とともに育ってくるものと思われてきましたし、私たちもそう思っていました。しかし、最近、あきらかに親心が育っていない親、親心の育ちのよくない親に出会うことが多くなりました。子どもに関心がない親、自分のことを優先してばかりで、余った時間で子どもを見る親。「何をおいてもまずは子ども」という気持ちが親の心から消えようとしています。

どうして？ その原因をつきとめることは、私たちには到底できません。ですが、「子ども」というものを知らないまま、親になったり、子どもとのかかわりかたがわからず適切にかかわれなかったり、親の役目や親にしかできないことをしないまま乳幼児期を過ぎてしまう親が増えていることはまちがいありません。信じがたいことですが、これが現実です。特別なケースというわけでもありません。長年親子を見続けてきた私たちにとって、特に、ここ20年の変化は衝撃的なものです。

2 「落とし穴に落ちるのは子どもたち」という現実

ここに、ある二つの保育園があります。あなたはどちらを選びますか？

＊ 熱が37・5℃あると、欠席をすすめられたり、子どものことで親にもいろいろ話をしたり、耳に痛いことも言ったり、保育園への協力のお願いが多い保育園。

＊　いつでも、何時間でも、病気でも子どもを預かってくれて、親の要求はなんでも聞き入れてくれる保育園。

パパ・ママの多様なニーズに応えるべく、延長保育や病児保育といった制度が導入されたり、民間が独自に運営する保育施設が増えたりと、実にさまざまな保育施設が増えています。サービスの充実や施設の増加はありがたいことです。しかし、施設が増えればそこには「競争」が生まれます。子どもの育ちを第一に考えた競争なら大歓迎ですが、現実は、保育料を支払う親を取り込むための競争であることが多いのです。これはほんとうに恐ろしいことです。合理化の狭間でできた落とし穴に落ちるのは、例外なく「子どもたち」だからです。

保育をはじめ、福祉のさまざまな施策を「〇〇サービス」と呼び始めたころから、なんだかおかしくなってきたような気がします。「サービス」と呼んだ瞬間から、利便性の追求が始まる。その利便性は対価を支払った人のためのものになっていく。保育園が、本来向けるべき子どもではなく、親のほうにその目を向けるようになってしまった……。

子どもの生活や成長・発達を考えていない、子どもにはふさわしくない保育をしている施設の存在を耳にすることがあります。パパ・ママは、自分の子どもが毎日何をして過ごしているのか、保育士とどのようなやりとりをしているのか、自信をもって語ることができますか？　実はテレビ漬けだったり、お散歩もせずに部屋に閉じこもりきりだったり、おやつがいつも同じスナック菓子だったり。

成長・発達とは無縁の虐待ともとれるような対応をされていたりしても、子どもが小さければ小さいほど、その真偽はわかりません。

保育の現場が子どものすこやかな成長・発達と生活にふさわしい場であり続けるために、子どもが過ごす育ちの場をみずからつくっていくという使命感を、パパ・ママのみなさんにぜひもってもらい、保育士とともに歩んでほしい、そう思うのです。

3 親心の芽を出し、伸ばすために

＊ 親の前ではよい子を演じ、保育園では自分の思いどおりにならないと暴れる子どもたち

＊ 仲間とコミュニケーションがとれず、集団に溶け込めない子どもたち

私たち保育士は、悲しいことですが、家庭で放っておかれたり、暴力的な扱いを受けていたり、もしかしたら虐《しいた》げられているかも……と考えざるをえない子どもたちに出会うことがあります。状況も深刻さも違いますが、共通しているのは、親の子に対する関心のなさ、いちじるしいかかわり不足や不適切なかかわりかたです。それによって心の満たされない子が増えているように思います。親に受

け止めてもらう経験が少ないと、子どもは自分のなかに湧き起こった感情をどう処理してよいか、学習できないのです。

また、現代っ子の特徴の一つに、「家でもよい子」「外でもよい子」を押し通そうとする、そんなところが見え隠れします。「内弁慶《うちべんけい》」ということばを知っていますか？　外ではよい子、家ではわがまま子。「内弁慶」は親を悩ませますが、親にだけは自分の思いをぶつけられるという、親との関係をつくっていくなかで自然と出てくる行動です。自分の思いをぶつけても親からの反応が薄かったり、逆に親の過干渉で、子どもが自分の思いをぶつけるすきも与えられなかったりすると、いつでもどこでも「よい子」でいようとし、子どもたちは思いを封じ込めていきます。封じ込めた思いは、いつの日か爆発してしまうかも……。

私たち保育士は、ふだんの保育を通して、親心の届いている子とそうでない子の違いを見抜いています。親心がしっかり届いている子どもは、無意識なのですが、パパ・ママの思いに包まれているという自信と安心感で、ゆったりと落ち着き、保育園生活も安定して過ごせています。その反対に、親心が届いていないように感じる子どもは、お友だちが嫌がる言動を日に何度も繰り返し、自分の思いどおりにならないと泣き、暴れ、けんかの絶えない不安定な状態で保育園生活を過ごしているケースが多く、その安定の違いは、心身の成長・発達にも影響します。

今から60年ほど前、私たちの大先輩である初代園長たちは「親御さんたちが安心して働けるように」

という熱意をもって保育園をつくってきました。私たちは、親子にとってよかれと思い、実にいろいろなことをやってきましたが、時代の移り変わりのなかで、それは、親子の育ちを邪魔することになっている、そう反省するようになりました。子どもへの関心が薄い、子どものことを簡単に後回しにしてしまう、そういった「親らしくない親」の姿をあちこちで見かけてしまうようになったとき、次の世代の保育園をつくっていく私たちには、保育所保育指針にもあるように、子どもの幸せのために「親を育てていく」、それが新たな役割として加わったのでしょう。

一日保育士体験は、そんな私たちが、子どものことにもっと関心をもつことで、親心の芽を出し、伸ばしていける、そう思って取り組んでいる親育ての方法の一つなのです。

4 子どもに一番大切なのは親心！

私たちは、パパ・ママには、次の二つの気持ちを「親心」として心に育ててほしいと思います。

一つは「子どもが一番、ときには自分の生活を変えてでも、子どものことを最優先にする気持ち」。もう一つは「子どもが育っていく瞬間の思いを大切にする気持ち」です。日々の生活で、この二つをいつも行動にあらわす必要はありませんが、いつも心にあたためていてほしいと思っています。そのあたたかさが子どもに伝わり、子どもを育てます。そしてその気持ちに応える子どもが、パパ・ママを「親」に育ててくれることでしょう。

いつの時代も、子どもがもっとも愛されたいと願っている相手は親です。これは保育士が代わりたくても代われません。乳幼児期の子どもにとって、いちばん大切なのは親から感じられるぬくもり、やすらぎ、安心感です。この時期に得た安心感は、大きくなってからも心の安定と人間への信頼感を育てるうえでもっとも大切なものです。

乳幼児期の子どもは、いつも親の心をみつめながら、自分づくりをしています。親の心が今、何をみつめているのかをいつも確かめているのです。だからこそ、私たちは、失われつつある親心を育む必要があると考えています。そして、パパ・ママには、子どもたちに自分の親心が届いているか確認してもらいたい。それができる一日保育士体験という活動を広げていきたいと思っています。

02 乳幼児期の大切さ

1 切られた電話のコード……親子の絆に迫る危機

2010年8月21日付の読売新聞「編集手帳」は、吉野弘さんの『創世記』という詩を題材に、母と子の絆について取りあげていました。折しも、大阪では2児の置き去り死亡事件が起こり、全国で相次ぐ消えた高齢者問題が、社会をにぎわせていた時期です。

〈あれは、たのもしい命綱で／多分／母親の気持ちを伝える電話のコードだったろう／母親の期待や心配はすべて／このコードのなかを走り／お前の眠りに届いていたにちがいない〉

電話のコードは臍帯《さいたい》、への緒のことである。誕生後にコードは切れても、受話器は互いのからだに残る。心の通話ができる電話に故障がつづく。母の側の故障の例が「虐待」ならば、子の側の故障の例は「消えた高齢者」だろう。

目に見えない母子の絆。子の誕生前には確かに、母のわずかな心労、体調不良なども「電話のコード」を通して子に伝わり、子からも同じようにして母にサインを送っているものです。そして、「誕生後にコードは切れても、受話器は互いのからだに残る」はずなのです。この詩から、痛いほどに「絆」を読み取ることができる人は多いことでしょう。

さて、「絆」です。吉野さんのことばを借りるならば、まさに「命綱」なのだと思います。誕生後も変わらず、精神的に安全な場所につなぎ止めていてくれるもの。危険や困難に立ち向かおうとするとき最後の砦《とりで》となって守ってくれるという安心感を与えてくれるもの、とも言いかえられます。それが、近年の親子間に見当たらなくなってきている、と危惧するのは、私たち現場の保育関係者だけではないと思います。

この命綱がなぜ見当たらなくなってきたのか。私たちは、人間が「動物としての子育て」を伝えられず、忘れてしまいつつあるからではないかと思っています。この「命綱」は毎日のお世話、毎日のかかわりの繰り返しのなかで、脳に体にしみついていくものです。生まれた子どもを安心させようと親がひたすらに抱っこする、ことばをかける、欲求に応える。動物なら当たり前におこなうこの繰り返しを、人間がさまざまな理由で本能的にできなくなってきたために、命綱が見当たらなくなった、そう考えるのが自然ではないでしょうか。

親子の絆は、親子だけのものではありません。人が助け合って、社会をつくっていくために結び合う絆へと形を変えていきます。親子の絆の強さは、さまざまな問題を解決していける社会の強さにもつながるのではないでしょうか。

2 将来の親子の幸せにつながる

保育園は、パパ・ママが仕事に専念している間、お子さんが安心して元気に過ごせるようにお預かりするのが仕事です。でも、私たちは毎日、パパ・ママと離れて過ごしている子どもたちを見ていて思うのです。「親子をくっつけたい!!」と。仕事は忙しいでしょう。でも、乳幼児期は、

＊子どもの一生涯の成長・発達にとって、もっとも大切な時期
＊子どもの内面に、親とのかかわりのなかでしか育てられないことがある時期
＊子どもと向かい合うことによって、親が親として大きく成長できる時期

です。そしてこの時期は、逃したら最後、一生戻ってきません。だから、親子をできるかぎりくっつけたいと思うのです。

将来、どのような親子にも一度はその関係性が難しくなる試練の時期がやってきます。それを乗り越えるとき、乳幼児期に親子がどれだけむき合ったか、これが効いてくるのです。

一日保育士体験は、今だけではない、将来の親子を幸せにするための体験なのです。

03 社会に親心を育てる

1 育てることで育つもの

「ショッピングセンターでバイトをしたことがある子はよく動く」

「コンビニでバイトをしていた子は笑顔がいい」

これは、新人の保育士さんを見て、私たちがよく思うことです。

おとなは、子どもの育ちに人の成長に、さまざまなところで、知らず知らずのうちにかかわっています。それは、自分の子どもであるなしにかかわらず、です。けれども、私たちは「人を育てていく」ということが、今、あまりにも軽く見られ、その価値を見失っているように感じるときがあります。

泣くことでしか表現できない赤ちゃんに「なんで泣いているの?」「お腹すいたの?」「眠いの?」と大のおとなが右往左往しながら必死に応えたり、「イヤイヤ期」の子どもに真正面から向かい合おうとしたりすると、小さな子どもに論理や理屈《りくつ》は通用しませんし、彼らは自分だけでは生きていけないので、おとなは振り回されっぱなしになります。そんな彼らに悩み、苦しみ、ときには癒《いや》されながら、おとなのほうには、他人の気持ちを推《お》しはかる力や忍耐力、毅然《きぜん》とした態度が育っています。

ショッピングセンターでバイトをした子も、コンビニでバイトをした子も、思うに、バイト先で指導してくれたおとなが、よく動き、いい笑顔をしていたのでしょう。きっと、そのおとなもまた、指導してくれた人が、よく動き、いい笑顔だったのではないでしょうか。

生んだから親になるのではなく、育てる過程で子どもとともに積んだ経験値が親にしてくれる。一緒に仕事や活動をし、その過程でともに積んだ経験値が先輩や上司にしてくれる。経験値を積んだおとなが形成する社会で、そのおとなが育てた子どもがおとなになり、また次の社会を形成する。これこそが成熟の連鎖ではないでしょうか。

「社会で子育て」は「社会が親の代わりに子育てをする」という意味ではありません。いずれ社会の一員としてともに生きる子どもたちの成長を社会全体で見守り、支えていくということです。すべての育ちの土台となる、乳幼児期の親子のかかわりを、わずか数年だけれどもかけがえのない時間を、どうか社会全体で支えてほしいと思います。

2 育ちをみることで育つもの

保育園には、たくさんの人が来てくれます。小・中学生や高校生が、ボランティア体験や職業体験の一環として来てくれることもあります。お兄さん・お姉さん先生に子どもたちも大喜び！　将来、パパ・ママになるであろう彼らも、子どもたちに囲まれて満面の笑みになります。

ある男子中学生が保育園に職業体験に来たときのこと。初日は斜に構えて表情もなし。園児と遊ぶこともなく、話しかけても「何だよ」としか言いませんでした。2日目に感想を聞くと「疲れた」の一言でしたが、園児たちと遊ぶようになっていました。そして3日目最終日。感想を聞くと「親がここまで自分のことを育ててくれたことがわかった」と、いい笑顔で答えてくれました。おとながなんだかんだと言ったところで、この中学生が心を開いてくれることはなかったでしょう。でも、園児たちは斜に構えた中学生の気持ちをすっとほぐす力をもっていたのです。

また、あるブロッコリー嫌いの中学生が体験に来たとき、給食にブロッコリーが出ました。ブロッコリーの苦手な園児が保育士に励まされながら一口食べて、「えらいねぇ」とほめられている。さあ、自分はどうする⁉　その中学生は生まれて初めてブロッコリーを食べました。まさか自分が残すわけにはいかない。たかがブロッコリーですが、育ち合うというのは、こういうことなのでしょう。

乳幼児の子どもたちには、おとなには絶対できない、人の心を解きほぐす不思議な力があります。人間教育の一環として、小・中・高校生にもぜひ、一日保育士体験をやってほしいと思っています。

3　小中学校でもぜひ！　一日保育士体験を

一日保育士体験は、ときには、小学校や中学校の先生方が、研修の一環として体験することもあります（行政のトップである市長が体験した地域だってあるんですよ!!）。体験後には必ずどの先生も「この体験、うちの学校でもやれたらいいのに」と言って帰られます。なぜでしょう?

小学校の入学式の日以降、パパ・ママが「学校」というところを訪れる機会は、ぐっと減ります。それが当然のことみたいに。保育園のように、毎日送り迎えをしているようなところでさえも、一日のようすなんてなかなかわからないのに、ましてや子どもが自分で通学し出したら、学校のことなんて親にはさっぱりわからなくなるでしょう。学校に行かないパパ・ママが、学校生活についてわかるはずもなく、理解してくれということ自体、私たちからすれば無理なことです。

「わからない」は「不安」と「疑心暗鬼《ぎしんあんき》」を生みます。

今、小学校や中学校で問題になっている「モンスターペアレント」。私たちは、わからないという「不安」がその大きな原因の一つだと思っています。1クラスに一人、パパ先生・ママ先生がやってきて、子どものようす、教室のようすを知り、学校の先生と理解し合えると、きっと安心できるでしょう。さらにパパ・ママ同士、みんなで子どもを育てていこうという思いがまとまれば、子どもたちは「自分たちを見ていてくれる」という安心感で安定してくるような気がします。「学級崩壊」も、子どもが変わった、親が変わった、幼稚園・保育園の教育が悪い、教師の力量がないなど、さまざまにいわれますが、小学校に入ったばかりの個性豊かな子どもたち30人あまりを一人で見て、全員に同じペースで勉強を教えていくなんて、もともと無理があるようにも思います。

最近になってやっと、幼稚園・保育園と小学校の連携を強めていこう、ということがさかんに言われるようになりました。そうした動きのなかで、小学校や中学校の先生方が一日保育士体験に来てくださるのですが、親に子どもの日常を知ってもらい、学校のことを理解してもらい、連携を深めていくことがどのような意味をもつのか、先生方は身をもって体験し、理解してくださるのです。

小学校に入ったその日から、子どもたちが立派な小学生に変身するわけではありません。中学生だって同じです。子育て極意表（↓55ページ）で「年齢を数えるときに『つ』のつく間は、しかられたことをすぐに忘れる」と書きました。「つ」のつく年齢の間、おおよそ10歳を迎えるころまでは、子どもの成長・発達に合ったパパ・ママの手助けや配慮が、まだまだ必要です。ときどきのぞかせる甘えたい気持ちをしっかりと受け止めてあげることが必要です。

保育園には、以前お預かりしていた子どもたちが、小学生、中学生になって遊びに来てくれることがあります。たしかに体は大きく、顔もおとなびて、生意気なこともいいますが、どの子も基本は昔のまんまです。10歳過ぎから中学生にかけては、子どもの精神的な育ちをいかに支えていくかという難しい局面に入っていきますが、パパ・ママには「見てないようで見ている」という微妙な距離感を保つことが求められます。子どもたちの育ちからいきなり手を離してしまっては、その距離感はつかめません。「わからない」ことが少しでもなくなるよう、義務教育の間も「一日先生体験」「一日学校体験」はいかがでしょうか？

4 長時間保育の限界

保育園の開所時間は以前、「8時間」とされていました。それがいつのまにか11時間になり、都心部では13時間も当たり前になってきました。その結果、何が起こったと思いますか？

長時間保育の子が年々増えています。さまざまな勤務形態に合わせて、保育園は11時間開所しているだけなのですが、どうも世間一般に11時間預かってもらえると誤解されているような気がします。

一日11時間の長時間保育を受けている子どもには、親といる時間はほとんどありません。子どもが10時間眠るとしたら、親と過ごす時間は送り迎えの時間を含めてもわずか2～3時間。それでは、子どもとどうかかわったらよいか、わからなくても当然です。

今、保育園に要求されていることは、会社などの組織や就労形態といった「おとなの都合」を最優先させることです。延長保育や夜間保育、病児保育、病後児保育といった保育施設や保育サービスの充実が「子育てと就労の両立」という一見もっともらしいことにみえるお題目のもとに進められていますが、それを受ける子どもたちに、一度でも、思いをはせてみたことがあるでしょうか。いったい、どの子が、「おうち」ではない保育園に10時間以上もいたいとお願いしたのでしょうか。

日本小児科学会では、「できるだけ子どもと親が家庭にて接する時間を増やすこと」と提言しています。延長保育や夜間保育、病児保育といった制度の整備が必要とはしつつも、「保護者が延長保育、夜間保育、病児保育、病後児保育を利用しなくても済む労働環境の整備や経済的支援について社会をあげて改善すること」「子どもが病気のときは、保護者やそれに代わる親族が病気の子どもを見るのが原則」「保育時間の長時間化は子どもの成育にとって必ずしも望ましくない」とも言っています。間近に子どもたちをみる私たちには、長時間保育が心身ともに、子どもたちの大きな負担になっていることが本当によくわかりますし、パパ・ママにとってもつらいものであることを痛感しています。

福祉の国デンマークは、過去には今の日本と同じく、長時間保育がおこなわれていたことがありました。しかし、子どもの育ちへのさまざまな弊害が指摘され、今では「9歳までの子どもをもつ親は午後4時には帰宅しなくてはならない」という法律ができ、「ワークシェアリング」という発想のもと、子育て中の親は、定時退社はもちろん、フレックスタイムでもっと早くに帰宅して、子どもとの時間をゆっくりと過ごすことができるようになりました。合計特殊出生率も1・7をキープ（日本は1・3くらい）。先進国中では高い水準です。デンマークはもともと自分の生活を大切にしたいという価値観をもつ国ですし、経済的・社会的な制度も日本とはずいぶん違いますから、同じように比べることはできませんが、「長時間保育を止めた」という決断の重さには学ぶべきところがあると思います。

5 子どもの視点で子育てを見直す

日本という国に、右肩あがりの経済成長を誇れる時代が訪れることはもうないでしょう。核家族化も進むことでしょう。人々の暮らしも、意識も、子育ての環境も時々刻々と変化するそんな時代に、子どもたちをどう育てていくのか、将来をつくる子どもたちがどんなふうに育ってほしいと思うのか。子どもが、子ども自身のもち味をいかして伸びていくことを支えるために何が必要なのか。私たちは保育の現場から、みなさんに問いかけたいと思います。

＊将来、社会を担っていく子どもたちを心底しっかり育てたいと思うのなら、0～5歳の子どもたちが本当に望んでいることは何なのか、それを私たちおとなが想像し、理解することから始めなくてはならないのではないでしょうか？

＊おとなの都合優先で育てた子どもがおとなになったとき、自分の都合でしかものごとを考えなくなるのではないでしょうか？

＊それは小さき者や弱き者に対するやさしさをさらに奪っていく、自己中心的な社会ができてしまうことにつながるのではないでしょうか？

私たちに今、求められていること、それは、子育てを「育っていく子どもの視点」に立って見直すことだと思います。「働きやすく」や「たまには気分を変えて」はおとなの願い。それも大切なことですが、子どもがもっとも求める「パパ・ママと一緒にいられる」幸せを実現する支援が、それこそもっとおこなわれていいように思います。

私たちは、保育園という子育ての最前線で、親子の間に生涯にわたって切れることのない「絆」をつくることを使命として、日々の保育に取り組んでいます。パパ・ママが子育てを思う存分堪能《たんのう》できる、そんな親として育つ時間を保証してほしい。子育てに直接かかわる人だけでなく、社会がもっと乳幼児期の大切さを知り、人が人として育つのに必要なことをしっかりと理解し、親子の絆づくりを積極的に応援してほしい。そう心から願っています。0～2歳の保育時間はせめて8時間（本当は5～6時間といいたいところ）になるような制度を。「子どもが病気だけど、仕事を休めない」という親の悲痛な叫びを「病気の子を預かる場所をつくりましょう」ではなく、「子どもが完全に回復するまで休みなさい」といえる社会に。今こそ、社会に子どもたちの幸せを心から願う「親心」を育むとき。それが、親子の幸せのみならず、社会全体の成熟へと向かうことを、私たちは信じてやみません。

04 子どもの笑顔のために

1 今こそ「子ども力」を見直そう

ドイツの文学者・アクセル・ハッケが書いた『ちいさなちいさな王様』というお話。主人公の王様の世界では、人は成人として生まれ、年をとるにつれ小さくなり、やがては芥子粒《けしつぶ》みたいになって消えていきます。私たちの生きる世界でも、本当は子どもがいちばん成熟した状態にあるのではないか、と思わせる本です。

2011年3月11日の東日本大震災後、避難所などで力を発揮したのは小・中・高校生たちだったという記事をたびたび目にしました。ボランティアとして、ぐあいの悪い人の代わりに動き回ったり、肩たたきサービスまで始めてしまう発想の純粋さに、忘れていた感覚を思い出した人も多いのではないでしょうか。何もかも失ったおとなたちのなかで立ちあがった子どもたちの勇気と、それをふるい立たせた生命のエネルギーに脱帽です。

保育園でも、子どもの力のものすごさを感じる場面がいくつもあります。どうして、どろだんごづくりに何時間も熱中できるのか。どうして、おもちゃ一つに命がけといわんばかりのエネルギーを費やして「じぶんのもの」であることをアピールし続けられるのか。どうして、自分の信念を曲げてまで、いいものはいいとして友だちの意見に同調できるのか……。それは、子どもに失敗した経験や後味の悪い人間関係に行き詰まった経験がほとんどないからかもしれません。

人間は本能的に〝護身〟をしてしまう生き物です。これまで経験したルールなりシステムなりが自動的に組み込まれて、ときとして気持ちとは裏腹な行動をしてしまうこともあるものです。一日保育士体験に来て、子どもに気持ちが向くようになったパパ・ママはこのあたりを敏感に感じ、砂遊びで幸せになれる彼らを見て、自分が必死にしがみついていた価値観が砂上の楼閣のごとくもろいものだと気づくのです。いま〝子ども力〟に目をむけてみませんか。こんなとき子どもだったらどう行動するのか、ちょっと立ち止まって考えてみたら、明るい未来が見えるかもしれません。

2 親子の絆が生まれるとき

笑いは全人類に共通のもので、類人猿にも見られるそうです。類人猿の最初のくすくす笑いは、母親が大きな指で自分の小さな赤ん坊の腹を突いたり撫《な》でたりするときに起こります。そして笑いは伝染します。共感や思いやりの起源はここにあります。他人が笑えば自分も笑い、他人があくびをすれば自分もあくびをする。こうした動きの連携（身体的同調）とともに、実に単純な形で共感や思いやりは始まるのです。

動きの連携は絆を反映すると同時に、その絆を強めるだけでなく、相手がなぜこまっているのか、喜んでいるのかといった知的な判断をくだすものだといわれています。親子でくすぐり合ってお腹がねじれるほど笑った経験をしたことがある人は多いでしょう。そのとき、相手のようすを見ながら「もう少しくすぐってやれ」とか「もう限界かな」と無意識に判断しているものです。その瞬間にも絆は芽ばえているということです。親と子が肌と肌をふれあわせ笑い合う。素敵ですね。

私たちは生活の潤いの部分を、他人から与えられることに慣れていませんか。たとえば、お笑い番組を見て家族で大笑いをするのは楽しいことですが、家族のふれあいや会話のなかで大笑いすることも日常的にあってほしいと切に思います。そこには目に見えなくとも確実に家族を結びつける何かが生まれては蓄積されていっているのですから。


保育の現場に長年いると、卒園児がパパ・ママとなって戻ってくる、なんてことがあります。

ああ、〇〇ちゃん、こんなに立派になって……。

なつかしさが込みあげてきます。また、卒園児のパパ・ママがおじいちゃん・おばあちゃんとなって、孫の送迎にあらわれることも。そんなとき、保育園という場所が絆の連鎖を見届けられる場所であることに気づかされ、そして、ここに私たちが居続けることで、その絆をつなぐお手伝いができているのだということを、あらためて感じるのです。

「先生、お久しぶりです。またこの園に戻ってきました」

「おかえりなさい」

そんなことばを交わすために、また、新しい絆を育むために、私たちはここに居続けるのです。

すべての保育園は、人と人との絆を守り続けるために、存在しているのです。

幼児に囲まれ自分を発見する

「親心を育む会」スーパーバイザー　松居　和

幼児を育てながら、親たちが「この子は自分がいなければ生きていけない」と意識する。それが人間社会の土台となる「生きる力」でした。その子の命に感謝する気持ちが広がって、人間たちは自分の役割をパズルのように決めてゆきました。一人では生きられない。二人でもパズルはうまくおさまらない。でも三人、四人、五人といれば……。助け合い分かち合う人の輪の中心で、人は安心しました。絆がなければ生きていけない。そのことに人は幼児を眺《なが》めて気づいてきたのです。

たとえば、1歳になって、はじめの一歩を見たとき、母親が微笑み父親が喜ぶ。祖父母、親戚、近所の人たちの心が一つになる。たった一歩で、幼児は社会に調和と絆を生んできました。しかもみんなが、その一歩を昔、歩いた。

たとえば、2歳児と二人で8時間過ごせといわれたら、正直私は躊躇《ちゅうちょ》します。でも、そこに6歳の女の子が一人加わったらもうだいじょうぶ。神様のように走る2歳児が6歳の女の子からいい人間性をひき出す風景を眺めるのは嬉《うれ》しいし、女の子も、私に向かって自慢げです。三人が育て合う一日。2歳児は、年の離れた絆をもつことの大切さを私たちに教えます。女の子の代わりに男の子だったら、また違った風景を生み出すでしょう。

だからパズルはおもしろい。80歳のおばあちゃんが加わったら、時の流れが三つの命になって見えるかもしれません。

幼児と過ごすことは、人間が時の流れのなかでパズルの組みかたを教わり、だれにも役割があると理解すること。子どもが生まれてくるかぎり、人間たちは、自分の役割を知り、助け合い分かち合い、心を一つにするチャンスを与えられているのです。だからこそいま、絆が見えなくなって寂しさや不安を抱えている先進国では、多くの人たちが、親も祖父母も、小学生も中学生も高校生も大学生も、教師も経営者も、幼児と過ごす時間を意識的につくらなければならないと思います。

＊　＊　＊

幼児が不自然に噛《か》みついたり、小学校でいじめや不登校があったりするのは、多くの場合、おとなたちが絆をつくろうとしていないことに対する子どもからの警告です。

20年、一日保育士体験をやっている保育園があります。昔、1歳児が女の子の顔に噛みついた。おばあちゃんが血相を変えて怒鳴《どな》り込んで来た。園は謝罪し、二度とそんなことが起こらないように一生懸命やってみた。すると、いつしか監視保育になっていた——。園長先生は、迷った末に保護者に相談し、保護者が毎日一人ずつ順番に手伝いに来ます、ということに。一人が年に3回もやればできる。始まってみると、親たちが楽しくなった。保育士との信頼関係が嬉しくなった。おとなたちの絆の深まりは、子どもたちの園での生活にあたたかさと安心を与えていき、みんながそれを感じた。父親たちにも広がって、今では、卒園しても続く地域の絆づくりの中心になっています。

東京都品川区で一日保育士体験をやっている園の先生が話してくれました。子どもが母親に「誕生日プレゼントいらないから保育士体験に来て」と頼んだそうです。お友だちのお母さんお父さんも来た。自分もお母さんをお友だちに自慢したい。それを感じてお母さんにも自信が湧《わ》く。いろいろなことができるようになった楽しい場所を、子どもたちはお母さんお父さんに見てほしいのです。

15年ほど前、保育園が三つしかないある街で、園長先生たちが「三つの園全部でやっていれば逃げられないのよ」といって一日保育士体験をやっていました。親が聴《き》いたら怒るかもしれませんが、先生たちの願いは子どもたちの幸せなのです。本当は園だって面倒《めんどう》くさいし、いつでも親に見せられる保育をしている自信がなければできない。そのことでも親はこういうことをやろうとする園に感謝してもいい。今でこそ、保育所保育指針に「保育参観ではなく参加を」と書かれるようになりましたが、当時は勇気のいることでした。ともに育て、ともに育つ、という感覚を社会に取り戻すことが、国の将来を左右する大切なことだと法的にもやっと理解されるようになったのです。

埼玉県は、3年以内にすべての幼稚園・保育園で「一日保育者体験」を実施することをめざしています。高知県では、県の教育委員会が主体になり、始まっています。長野県茅野市では、一日保育士体験をマニフェストに入れた市長が当選しました。品川区では、2年前からすべての公立保育園で一日保育士体験が始まっています。一つの園で始まれば、毎年何人かの親子の人生が変わるかもしれない。児童虐待やDVが一つでも止まるかもしれない。私は、そんな思いで、「親心を育む会」の先生たちに教えられ励まされ、これが日本の常識になるように勧《すす》めてまわっています。

あるとき、一回やったらいいじゃないか、という父親がいました。しかし3年続けるとわが子だけでなくほかの子たちの成長も感じる。「行っただけで」ほかの子たちも喜んでくれる。見えにくいのですが、ここが大切。ほかの子にも責任があるのではないか……と父親たちがふと思う。「部族」の感覚です。つまりは、近所のおじさんが公園で遊ぶ子どもたちを見守る感覚。これこそ、先進国が失いつつあるコミュニティーの原点です。幼児と一緒にいて幸せだと気づいたとき、人は社会との見えない絆を感じ、自分の存在に自信がもてるようになるのです。

　ほかの子のお父さんお母さんに毎年一日出会い遊んでもらって、「みんなにお父さん、お母さんがいる」ことを子どもが感じる。家族のほかにも頼れる人、親身になってくれる人がいることを小さいうちに知ることは「生きる力」です。人生にはいろいろなことが起きます。頼ろうとし、信じようとしなければ絆も安心も生まれない。

＊＊＊

新待機児童ゼロ作戦（２００８年）に「希望するすべての人が子どもを預けて働くことができる社会」をめざす、と書かれたとき、待機児童のほとんどである０・１・２歳児は、親と離れることを希望していないはず、「希望するすべての子どもが親と一緒にいることができる社会」をめざすほうが自然ではないか、と心を痛めた保育士がたくさんいました。ここ20年ほど進んで来た雇用労働施策中心の保育行政と保育をシステムと見る考えかたには、子どもの願いが入っていない。子どもといちばん長く接する保育士の幸福感（観）が関数として入っていない。いずれシステムとしても成り立たなくなります。

　せめて年にたった一日一人ずつ、親たちが「さあ、今日はあなたたちが優先ですよ」という姿勢を自分の子だけではなくほかの子たちにも保育士にも見せてくれたら、社会に自然治癒《ちゆ》力が働く一歩になると思うのです。「子どもが喜びますよ」そう繰り返す保育士の語りかけが、やがて社会に絆を復活させる魔法のことばになるはずです。

夕方、遊びながら何度も振り返り、ガラス越しにお母さんお父さんの迎えを待つ子どもたち。半日ではなく、一日いて、その姿を目にすることもまた、おとなたちの責任だと思います。一生にたった3日、多くて5日の体験です。

＊＊＊

遊んでいる幼児たちを眺めていると、人間たちの心が落ちつきます。私は4歳児を一人の人間の完成、もっとも幸せでいられる可能性をもっている姿と考えています。「頼りきって、信じきって、幸せそう」な完成されている人間たちがそこにいて、その人たちが非論理的で、幸せそうで、しかも一人では生きられない。素晴らしい仕組みです。

人間は、幼児に信頼され、そのことに感謝し、幼児にあこがれて生きてゆくのがいい。

人は、信じ合うために生まれてくる、ということを保育や教育の場で、みんなが幼児を眺めて思い出すといいのです。

◎松居　和（まつい・かず）

1954年東京生まれ。慶応大学哲学科からUCLA民族芸術科編入、卒業。尺八奏者としてジョージ・ルーカス監督「ウィロー」、スティーブン・スピルバーグ監督「太陽の帝国」をはじめ、多数のアメリカ映画に参加。

1988年、アメリカにおける学校教育の危機、家庭崩壊の現状を報告したビデオ「今、アメリカで」を制作。以降、保育・教育関係者、父母への講演を通して、欧米の後を追う日本の状況に警鐘を鳴らす。

2006～10年埼玉県教育委員会委員（09～10年委員長）。2008年、制作・監督したドキュメンタリー映画「シスター・チャンドラとシャクティの踊り手たち」が第41回ワールドフェスト・ヒューストン国際映画祭、長編ドキュメンタリー部門で金賞受賞。

著書に「家庭崩壊・学級崩壊・学校崩壊」（エイデル研究所）ほか。

子どものことをもっと知ったら、子育ては楽しいのでは

「親心を育む会」スーパーバイザー　原田壽子

母親はこの世に生命を受けたわが子に初めて対面したときの表情、顔形《かおかたち》、髪の色、唇の色などとともに、その日の空の色、陽の光の強さまで一緒に覚えています。子どもの誕生は父母の人生のなかでも特に印象に残るできごとです。しかし、誕生と同時に夢見る楽しい思いとは違う現実の子育てが始まります。つねに子どもからのたくさんの要求に応じながら、子どもとともに親力を高めていきます。

これまで子育ては、きついです、孤独です、としきりにいわれ、母親は子育てについて悩み、考えました。もちろん、子育ては誕生の喜びと同時に忍耐と努力も体力も求められ、いっときも子どもから目を離すことができず、母自身の自由な時間もなく、ひたすら子どもとだけの時間が過ぎていきます。でも、日に日に成長し変化していく子どもとともにいることは新しい発見があり喜びの日々でもあります。昨今では社会で子育てという政府の考えのもと、周囲の子育て経験者、保育の専門家、子育て支援センター、保育所、ＮＰＯ、ボランティアグループなど多くの人により子育て支援が進められています。家庭で孤独に子育てをするのではなく、家庭を社会に開いて社会化し、子どもも家庭以外の社会で身につけることが増え

るということです。

子どもの出生時は生理的誕生といわれ、まだ心身ともに完成しておらず、立ちあがることもできないのですが、周囲のおとなの保護のもとに約1年がかりで視覚、聴覚、情緒などの発達があり、歩行できるまでに成長して、本当の誕生日を迎えます。子どもの発育・発達は出生後の12か月間が一生のうちでももっとも急激で、生まれたときの体重は3倍に、身長も1・5倍になります。また、「手足を動かすころ」「首がすわるころ」「お座りのころ」「はいはいのころ」「つかまり立ち、つたい歩きのころ」「よちよち歩きのころ」という過程を経て運動機能が発達し自立移動のための動作を習得していきます。手指《てゆび》の動きも手を動かし、手の平でものをつかむことから始まり、1歳ころには親指と人さし指で小さいものをつまめるようになります。おとなとのあそびも発展し、10か月ころにはいないいないばあをし始めます。12か月ころにはうまうま、マンマ、ママ、ワンワンなどとことばが発せられるようになり、コミュニケーション能力が発達し周囲の人との意志の疏通《そつう》が始まります。乳児期は特に感受性が豊かで、人を信頼する心がいちばん育つときです。泣いて自分の要求が満たされたとき、その要求を満たしてくれた相手に対し信頼感が生まれます。この信頼感が育った子どもは人に対して安心して接することができるようになります。乳児期は子どもにとって保護者との信頼関係をつくるもっとも大切な時です。

子どもは小学校に入学するころには体重は出生時の6倍を超え、身長は2倍以上にと体は大きくなります。自分の考えを適切に伝えることができ、人とのかかわりもうまくできるようになり、生きる力を身につけていきます。ボールあそびや鉄棒など運動あそびも活発になります。子どものそのときどきの発育・発達のめやすをよく知って楽しく子育てをしてください。

＊　＊　＊

そして、私はこのような乳幼児期の急激な発育・発達のようすを母子手帳にこまかく記録することをお勧《すす》めします。幼児期になり親子のコミュニケーションをさらに深めるためにこの母子手帳を開いてみてほしいと思います。子どもと一緒にこれを見ながら、生まれたときのようすやその後の成長の過程を話して聞かせ、「あなたが生まれてお父さんお母さんはとてもうれしかった」「あなたからたくさんの幸せをもらったの」「あなたの背はどんどん伸びたのよ」と伝えてください。子どもは自分がどんなふうに大きくなってきたかを知り、自分が両親からとても愛されていることを確認し、自分の出生による幸せを親と共有します。

すると親子の絆はさらに強くなります。深い愛情を受けている子どもの心は安定しており、子ども同士ともうまく調和がとれ、おだやかです。親から深い愛を日常的に受けている子どもは、そのときは親の愛を身にしみて感じてはいないでしょうが、将来、自分が子どもをもつと、親から自分が深く愛されていたこと、親が自分を大切にしてくれたさまざまなことを認識し、親と同じように愛情深く、心をこめて育てていくのではないかと思います。

＊　＊　＊

子育てはいつも、すべて思いどおりにならず、順調にもいきませんが、工夫しながら大切に育てていくことになります。親は自分の感情のままに子どもに向き合うのではなく、いつも平静な心で子どもに接することができればと思います。腹を立てているときの親は言動も強くなり、子どもはその親の態度にどうしていいかわからないのです。腹を立てた親に「あなたはもう出て行きなさい」「うちの子ではありません」といわれて外に放り出された子どもには行くところはなく、ただ泣きます。子どもの逃げ込むところは親の懐《ふところ》しかありません。不安や怒りのなかでの子育ては孤独と不満だらけになってしまいます。お父さんお母さんの心が安定してやさしいとき、子どもにやさしくできます。お父さんお母さんがやさしいと、子どもも元気が出てきます。お父さんとお母さん、子育てなど日常の会話をたくさんしてください。両親の心がお互いに通じて愛し合っているときの子育てはお互いの気持ちを理解して安定した心の状態になり、子育ては「きつい」から喜びや生きがいになります。子育て相談にいらっしゃるお母さんの悩みのほとんどは周囲の人間関係についてであり、これが解決するとストレスは解消し、不安なく子育てに打ち込めるようです。私たち親は子育てのために自分自身の心身の健康を自己管理し、維持し、精神的にも余裕をもつことが必要と思います。親はそのときの感情に左右されず、愛情表現をおだやかに続けられることが理想です。いつもそばで子どもに愛をもってみている親を子どもは信頼しています。親は子どもが安心して逃げ込むことができるように余裕のある心の状態でいてください。

＊＊＊

仕事をもちながら子育てしている人が増加し、女性の一日は子育て、仕事、家事といっそう複雑になり、子どもに接する時間は少ない状態が続きます。心に余裕のない状況のなかでは、もっとも成長度が高い乳幼児期の子どもの発達の変化を注意深く見ることがなく過ごしていることもあります。忙しく、しかし楽しく仕事をしている私たち親ですが、子育てもそれ以上におもしろく、かぎりなく広がりがある無限の仕事です。手をかければかけるほど、工夫すればするほど子どもはこれに反応してきます。成長いちじるしいこの時期の子どもの変化をじっと見る機会が少ないまま、長時間の保育を保育士にお願いしているのが現状です。ここで一日保育士体験に参加し、わが子のあそびかたや友だちとのかかわりを客観的に見る機会をつくりませんか。子どもも親と一日を保育園で過ごすことを心待ちにしています。自分の親が保育所に来ていることが誇《ほこ》りなのです。子どものことをたくさん知って、自信をもって子育てをすると親自身も明るい気分になり、楽しい育児になります。親の愛を信じ、親が大好きで慕《した》っている子どもを毎日ぎゅうっと抱きしめて、お母さんお父さんのあたたかさで包んでください。

◎原田壽子（はらだ・としこ）
立正大学名誉教授（立正大学大学院社会福祉研究科教授、社会福祉学部人間福祉学科教授）。マンチェスター大学客員研究員、東京外国語大学、津田塾大学などで講師を歴任。早稲田大学ニュージーランド研究所客員研究員。お茶の水女子大学卒業。

著書に「乳幼児の心とからだ」（不昧堂）、「福祉文化の創造」（ミネルヴァ書房）など。

巻末付録

一日保育士体験マニュアル

1●一日保育士体験を「行事」にします

一日保育士体験を「行事」の一つに組み込んで、4月に入る前から告知します。新入園児には入園前の説明会で、在園児には個人面談や進級式などで「来年は『一日保育士体験』をやります。くわしくは後日お知らせします！」と早めに伝えます。

告知されたパパ・ママは、今後一年のうち、仕事の都合のつきそうな一日を、この日のために休暇にする準備をしましょう。

2●「ご案内」を配布します

5月下旬ころ、「一日保育士体験のご案内」を配布します。お知らせには、目的、内容（どのようなことをするか）、日時、申し込み方法、注意事項が記載されます。

3●日程を決めます

一日保育士体験は、各クラス一日一人限定。日程表をつくり、パパ・ママに都合のよい日を書き込んでもらいます。パパ・ママは、早めに申し込むと心身ともに余裕がもてると思います。

4 保育計画を立てます

パパ・ママに、ふだんの保育を見てもらえるような保育計画を立てます。パパ・ママがどのような気持ちで参加しているのかを考えながら、配慮事項を考え準備します。

5 いよいよ本番!

朝9時、一日保育士体験のスタートです。次のページから「一日保育士体験のある一日」をまとめましたので、詳しくは、そちらをご覧ください。

6 アンケート集を配布します

その年の一日保育士体験の「パパ・ママアンケート集」をつくり、来年度の告知もかねて配布します。体験者の感想を読むことで共感がわいてきますし、来年、初めて体験するパパ・ママへのアピールにもなります。

一日保育士体験のある一日（2歳児の例）

START!

9:00

子どもの活動	●遊ぶ ●かたづけ
パパ・ママの体験内容	●子どもと一緒に登園。一日保育士体験スタート！ ●園庭や室内でクラスの子どもたちと一緒に遊びます ●子どもたちに声をかけながら一緒にかたづけます
ポイントやアドバイス	**（保育士へ）** 子どもがパパ・ママにくっつきっぱなしになったときには、「いつもは先生やお友だちと一緒に楽しく遊んでますよ」「パパ・ママから離れられなくても気にしないで」と伝え、安心して体験が続けられるように声をかけましょう。 **（パパ・ママへ）** 大好きなパパ・ママが保育園にいる！　子どもにとってこんなにステキなことはありません。だから離れられなくなるのです。そのことをそのまま受け止めてあげてください。

つづく ←

9:30	10:00
●おやつの準備 ●手洗い、排泄 ●おやつ	●保育活動
●子どもたちと一緒におやつを食べます	●子どもたちと一緒に遊びます
（保育士へ） ふだん、どんなおやつを食べているか、知ってもらいましょう。	**（保育士へ）** 家庭では見られない同年齢の子ども同士のかかわりのなかでみせる子どもの姿（トラブル・やりとり・運動発達など）を見てもらいましょう。 **（パパ・ママへ）** 保育士のかかわりかたや保育園生活全体を見てみましょう。

トラブル発生!!
●●ちゃんが取った！
●●ちゃんがたたいた！

	子どもの活動	パパ・ママの体験内容	ポイントやアドバイス
11:00	●**排泄、手洗い** （手遊びや絵本等を見ながら、食事の準備を待つ）	●子どもの排泄、手洗いの手伝いをします ●机やいすの配置をします ●おしぼりを用意し、配膳等をします	**（保育士へ）** 座る場所の取り合いでトラブルが発生することもあるので注意しましょう。
11:15	●**食事**	●子どもたちと一緒に給食を食べます 	**（パパ・ママへ）** お子さんが毎日どんなものを食べているか、味つけや量、食べやすくする工夫など、いろいろ見てください。それから、子どもたちはこぼすこともたくさん。でも、一生懸命、自分で食べようとしていませんか。だんだん上手に食べられるようになっていきます。
11:30	●**歯みがき**	●仕上げ磨きを手伝います 	**（パパ・ママへ）** 仕上げ磨きをするときには、歯ブラシの動きに合わせてリズムをつけて歌を歌ったりすると、喜んでできます。また、歯ブラシ

つづく

12:00

●パジャマに着替え

●絵本や紙芝居などをみる

●部屋のかたづけをし、着替えの準備をします

●着替えを手伝います

●絵本や紙芝居、お話等をしてあげます

を噛んでしまう子には、使いかたをそのつど教えてあげてください。

（パパ・ママへ） 保育園では、床の上に、表を前にしてズボン、上着を置いてあげます。そうすると着替えがしやすいのです。ぜひ、おうちでもやってみてください。

（パパ・ママへ） 読み聞かせは、読みかた、話しかたの上手・下手ではありません。パパ・ママが一生懸命読んでくれる。それがうれしいのです。

（保育士へ） 読み聞かせが苦手、というパパ・ママには、棒読みでいいからゆっくり、はっきりと読めばじゅうぶんと伝えましょう。

	12:30	13:30
子どもの活動	**●お昼寝**	**●懇談会**
パパ・ママの体験内容	●トントンしてあげながら、寝かしつけます ●パパ・ママも子どもたちと一緒に横になって、休憩します 	●お茶を飲みながらパパ・ママと保育士が懇談をします 
ポイントやアドバイス	**（保育士へ）** パパ・ママに、「背中をトントンされると眠れる子」「おでこや背中をなでなでされると眠れる子」など、寝つきの特徴を教えましょう。また、興奮気味でなかなか眠れない子もいます。どうしても眠れない子がいたら、寝かしつけを代わってあげましょう。	**（保育士へ）** 気楽に話ができる雰囲気をつくりましょう。日ごろ、ゆっくり話せないパパ・ママと、園や家庭でのようすを伝え合ったり、悩みやこまっていることなどを話し合いましょう。パパ・ママの意外な一面を発見するなど、コミュニケーションが深まり、互いを理解する良い機会

14:30

●お昼寝終了
●排泄、手洗い
●おやつの準備

●子どもたちを起こします
●起きた子からトイレに誘い、排泄の手伝いをします
●手を洗い、いすに座らせます
●おやつを配ります

です。

（パパ・ママへ） 体験の感想や気づいたこと、子育ての悩みなど、じっくりと話せるチャンスです。何でも話してください。

（パパ・ママへ） ぐずっている子は、手をつないだり、抱っこしたりしてください。

15:00

●おやつ

●かたづけ

●子どもと一緒におやつを食べます
●「ごちそうさま」をして口の周りをきれいにします

（パパ・ママへ） おやつを配るときは「○○ちゃんどうぞ」と声をかけてあげましょう。

（保育士へ） おやつはパパ・ママにも試食してもらいましょう。

（パパ・ママへ） おやつはどんな味ですか？　どのくらいの量ですか？

つづく

FINISH!

16:30

子どもの活動

●帰りの準備

●遊ぶ

●帰りのごあいさつ

パパ・ママの体験内容

●通園バッグにタオルや連絡帳をしまいます

●最後に一緒に遊びます

●帰りのごあいさつをして「一日保育士体験」終了です。おつかれさまでした。お子さんと一緒に帰宅します

ポイントやアドバイス

(パパ・ママへ) 入れ忘れがないように確認しましょう。まったくやる気のない子どももいます。いっしょに手伝いましょう。

(保育士へ) パパ・ママはけっこう疲れています。「もう少しです」「だいじょうぶですか」と疲れをねぎらいながら励ましましょう。

(保育士へ) 「お疲れさまでした」とねぎらいのことばを忘れずに。「体験修了証」を渡すのもよいでしょう。

(パパ・ママへ) 帰宅しながら、「パパせんせい、どうだった?」「ママせんせい、どうだった?」と子どもに感想を

後日

案内状やアンケートのひな形，掲示物の見本，こまったことや注意が必要なことをＱ＆Ａでまとめた資料など，さらに詳しい情報をホームページで紹介しています。どうぞご覧ください。
●親心を育む会ホームページ
http://www.ac.auone-net.jp/～oya_hug/

●一日の中で親子の楽しそうな写真を撮っておき、修了証をつくったり、スライドショーにしたり、記念写真にまとめたりして差し上げると喜ばれます

●体験のようすを掲示するのも、他のパパ・ママへのアピールになります

「一日保育士体験」証明書

★体験日　平成〇〇年〇月〇日
★園児氏名　〇〇 〇〇･〇〇
★体験者氏名　〇〇 〇〇
★体験回数　2回

以上、相違無いことを証明します。

お疲れ様でした！
ともに「親心」を育んで
まいりましょう！！

〇〇保育園　園長　〇〇〇〇〇

聞いてみましょう。どんな答えが返ってくるでしょうか？

[著者紹介]

親心を育む会（おやごころをはぐくむかい）

埼玉県北部の私立保育園を中心とした保育関係者の集まり。
「親と子の幸せ」をただひたすらに願い、子どものため、親子の絆づくりのために保育園ができること、やりたいことに日々取り組んでいる。

親心を育む会ホームページ　http://www.ac.auone-net.jp/~oya_hug/

一日保育士体験《いちにちほいくしたいけん》のすすめ　保育園《ほいくえん》で育《はぐく》む親心《おやごころ》

NDC376 ／ 143p ／ 21cm

初版第1刷――2012年7月30日

編著者――親心を育む会《おやごころはぐくかい》
発行者――鈴木一行
発行所――株式会社 大修館書店
〒113-8541 東京都文京区湯島2-1-1
電話 03-3868-2651（販売部） 03-3868-2266（編集部）
振替 00190-7-40504
[出版情報] http://www.taishukan.co.jp

装丁者――園木　彩／カバーイラスト　モリナオミ
本文デザイン――園木　彩
本文イラスト――かまたいくよ／中野とも美
マンガ――ポン子
印刷所――三松堂
製本所――司製本

ISBN978-4-469-27005-1 Printed in Japan